As Revoluções Africanas

FUNDAÇÃO EDITORA DA UNESP

Presidente do Conselho Curador
Mário Sérgio Vasconcelos

Diretor-Presidente
Jézio Hernani Bomfim Gutierre

Superintendente Administrativo e Financeiro
William de Souza Agostinho

Conselho Editorial Acadêmico
Danilo Rothberg
Luis Fernando Ayerbe
Marcelo Takeshi Yamashita
Maria Cristina Pereira Lima
Milton Terumitsu Sogabe
Newton La Scala Júnior
Pedro Angelo Pagni
Renata Junqueira de Souza
Sandra Aparecida Ferreira
Valéria dos Santos Guimarães

Editores-Adjuntos
Anderson Nobara
Leandro Rodrigues

Paulo Fagundes Visentini

As Revoluções Africanas
Angola, Moçambique e Etiópia

Coleção Revoluções do Século 20
Direção de Emília Viotti da Costa

© 2012 Editora Unesp

Direitos de publicação reservados à:
Fundação Editora da Unesp (FEU)
Praça da Sé, 108
01001-900 – São Paulo – SP
Tel.: (0xx11) 3242-7171
Fax: (0xx11) 3242-7172
www.editoraunesp.com.br
www.livrariaunesp.com.br
atendimento.editora@unesp.br

CIP – Brasil. Catalogação na fonte
Sindicato Nacional dos Editores de Livros, RJ

V848r

Visentini, Paulo Fagundes, 1955-

As revoluções africanas: Angola, Moçambique e Etiópia/ Paulo Fagundes Visentini; direção [da coleção] Emília Viotti da Costa – São Paulo, SP: Ed. Unesp, 2012.

182p.: il., mapas. (Revoluções do século XX)

ISBN 978-85-393-0225-3

1. Angola – História – Revolução, 1961-1975. 2. Moçambique – História – Revolução, 1964-1975. 3. Etiópia – História – Revolução, 1974. 4. África – Política e governo. 5. África – História   I. Costa, Emília Viotti da.   II. Título. III. Série.

12-1030.   CDD: 968
                                                  CDU: 94(680)

Editora afiliada:

Asociación de Editoriales Universitarias de América Latina y el Caribe

Associação Brasileira de Editoras Universitárias

Apresentação da coleção

O século XIX foi o século das revoluções liberais; o XX, o das revoluções socialistas. Que nos reservará o século XXI? Há quem diga que a era das revoluções está encerrada, que o mito da Revolução que governou a vida dos homens desde o século XVIII já não serve como guia no presente. Até mesmo entre pessoas de esquerda, que têm sido através do tempo os defensores das ideias revolucionárias, ouve-se dizer que os movimentos sociais vieram substituir as revoluções. Diante do monopólio da violência pelos governos e do custo crescente dos armamentos bélicos, parece a muitos ser quase impossível repetir os feitos da era das barricadas.

Por toda parte, no entanto, de Seattle a Porto Alegre ou Mumbai, há sinais de que hoje, como no passado, há jovens que não estão dispostos a aceitar o mundo tal como se configura em nossos dias. Mas quaisquer que sejam as formas de lutas escolhidas é preciso conhecer as experiências revolucionárias do passado. Como se tem dito e repetido, quem não aprende dos erros do passado está fadado a repeti-los. Existe, contudo, entre as gerações mais jovens, uma profunda ignorância desses acontecimentos tão fundamentais para a compreensão do passado e a construção do futuro. Foi com essa ideia em mente que a Editora Unesp decidiu publicar esta coleção. Esperamos que os livros venham a servir de leitura complementar aos estudantes da escola média, universitários e ao público em geral.

Os autores foram recrutados entre historiadores, cientistas sociais e jornalistas, norte-americanos e brasileiros, de posições políticas diversas, cobrindo um espectro que vai do centro até a esquerda. Essa variedade de posições foi conscientemente buscada. O que perdemos, talvez, em consistência, esperamos ganhar na diversidade de interpretações que convidam à reflexão e ao diálogo.

Para entender as revoluções no século XX, é preciso colocá-las no contexto dos movimentos revolucionários que se desencadearam a partir da segunda metade do século XVIII, resultando na destruição final do Antigo Sistema Colonial e do Antigo Regime. Apesar das profundas diferenças, as revoluções posteriores procuraram levar a cabo um projeto de democracia que se perdeu nas abstrações e contradições da Revolução de 1789, e que se tornou o centro das lutas do povo a partir de então. De fato, o século XIX assistiu a uma sucessão de revoluções inspiradas na luta pela independência das colônias inglesas na América e na Revolução Francesa.

Em 4 de julho de 1776, as treze colônias que vieram inicialmente a constituir os Estados Unidos da América declaravam sua independência e justificavam a ruptura do Pacto Colonial. Em palavras candentes e profundamente subversivas para a época, afirmavam a igualdade dos homens e apregoavam como seus direitos inalienáveis: o direito à vida, à liberdade e à busca da felicidade. Afirmavam que o poder dos governantes, aos quais cabia a defesa daqueles direitos, derivava dos governados. Portanto, cabia a estes derrubar o governante quando ele deixasse de cumprir sua função de defensor dos direitos e resvalasse para o despotismo.

Esses conceitos revolucionários que ecoavam o Iluminismo foram retomados com maior vigor e amplitude treze anos mais tarde, em 1789, na França. Se a Declaração de Independência das colônias americanas ameaçava o sistema colonial, a Revolução Francesa viria pôr em questão todo o Antigo Regime, a ordem social que o amparava, os privilégios da aristocracia, o sistema de monopólios, o absolutismo real, o poder divino dos reis.

Não por acaso, a Declaração dos Direitos do Homem e do Cidadão, aprovada pela Assembleia Nacional da França, foi redigida pelo marquês de La Fayette, francês que participara das lutas pela independência das colônias americanas. Este contara com a colaboração de Thomas Jefferson, que se encontrava na França, na ocasião como enviado do governo americano. A Declaração afirmava a igualdade dos homens perante a lei. Definia como seus direitos inalienáveis a liberdade, a propriedade, a segurança e a resistência à opressão, sendo a preservação desses direitos o objetivo de toda associação política. Estabelecia que ninguém poderia ser privado de sua propriedade, exceto em casos de evidente necessidade pública legalmente comprovada, e desde que fosse prévia e justamente indenizado. Afirmava ainda a soberania da nação e a supremacia da lei. Esta era definida como expressão da vontade geral e deveria ser igual para todos. Garantia a liberdade de expressão, de ideias e de religião, ficando o indivíduo responsável pelos abusos dessa liberdade, de acordo com a lei. Estabelecia um imposto aplicável a todos, proporcionalmente aos meios de cada um. Conferia aos cidadãos o direito de, pessoalmente ou por intermédio de seus representantes, participar na elaboração dos orçamentos, ficando os agentes públicos obrigados a prestar contas de sua administração. Afirmava ainda a separação dos poderes.

Essas declarações, que definem bem a extensão e os limites do pensamento liberal, reverberaram em várias partes da Europa e da América, derrubando regimes monárquicos absolutistas, implantando sistemas liberal-democráticos de vários matizes, estabelecendo a igualdade de todos perante a lei, adotando a divisão dos poderes (legislativo, executivo e judiciário), forjando nacionalidades e contribuindo para a emancipação dos escravos e a independência das colônias latino-americanas.

O desenvolvimento da indústria e do comércio, a revolução nos meios de transporte, os progressos tecnológicos, o processo de urbanização, a formação de uma nova classe social – o proletariado – e a expansão imperialista dos países europeus na África e na Ásia geravam deslocamentos, conflitos sociais e guerras em várias partes do mundo. Por toda a parte os grupos excluídos defrontavam-se com novas oligarquias que não atendiam às suas necessidades e não respondiam aos seus anseios. Estes extravasavam em lutas visando tornar mais efetiva a promessa democrática que a acumulação de riquezas e poder nas mãos de alguns, em detrimento da grande maioria, demonstrara ser cada vez mais fictícia.

A igualdade jurídica não encontrava correspondência na prática; a liberdade sem a igualdade transformava-se em mito; os governos representativos representavam apenas uma minoria, pois a grande maioria do povo não tinha representação de fato. Um após outro, os ideais presentes na Declaração dos Direitos do Homem foram revelando seu caráter ilusório. A resposta não se fez tardar.

Ideias socialistas, anarquistas, sindicalistas, comunistas ou simplesmente reformistas apareceram como críticas ao mundo criado pelo capitalismo e pela liberal-democracia. As primeiras denúncias ao novo sistema surgiram contemporaneamente à Revolução Francesa. Nessa época, as críticas ficaram restritas a uns poucos revolucionários mais radicais, como Gracchus Babeuf. No decorrer da primeira metade do século XIX, condenações da ordem social e política criada a partir da Restauração dos Bourbon na França fizeram-se ouvir nas obras dos chamados socialistas utópicos como Charles Fourier (1772-1837), o conde de Saint-Simon (1760-1825), Pierre Joseph Proudhon (1809-1865), o abade Lamennais (1782-1854), Étienne Cabet (1788-1856), Louis Blanc (1812-1882), entre outros. Na Inglaterra, Karl Marx (1818-1883) e seu companheiro Friedrich Engels (1820-1895) lançavam-se na crítica sistemática ao capitalismo e à democracia burguesa, e viam na luta de classes o motor da história e, no proletariado, a força capaz de promover a revolução social. Em 1848, vinha à luz o *Manifesto comunista*, conclamando os proletários do mundo a se unirem.

Em 1864, criava-se a Primeira Internacional dos Trabalhadores. Três anos mais tarde, Marx publicava o primeiro volume de *O capital*. Enquanto isso, sindicalistas, reformistas e cooperativistas de toda espécie, como Robert Owen, tentavam humanizar o capitalismo. Na França, o contingente de radicais aumentara bastante, e propostas radicais começaram a mobilizar um maior número de pessoas entre as populações urbanas. Os socialistas, derrotados em 1848, vieram a assumir a liderança por um breve período na Comuna de Paris, em 1871, quando foram novamente vencidos. Apesar de suas derrotas e múltiplas divergências entre os militantes, o socialismo foi ganhando adeptos em várias partes do mundo. Em 1873, dissolvia-se a Primeira Internacional. Marx veio a falecer dez anos mais tarde, mas sua obra continuou a exercer poderosa influência. O segundo volume de *O capital* saiu em 1885, dois anos após sua morte, e o terceiro, em 1894. Uma nova Internacional foi fundada em 1889. O movimento em favor de uma mudança radical ganhava um número cada vez maior de participantes, em várias partes do mundo, culminando na Revolução Russa de 1917, que deu início a uma nova era.

No início do século XX, o ciclo das revoluções liberais parecia definitivamente encerrado. O processo revolucionário, agora sob inspiração de socialistas e comunistas, transcendia as fronteiras da Europa e da América para assumir caráter mais universal. Na África, na Ásia, na Europa e na América, o caminho seguido pela União Soviética alarmou alguns e serviu de inspiração a outros, provocando debates e confrontos internos e externos que marcaram a história do século XX, envolvendo a todos. A Revolução Chinesa, em 1949, e a Cubana, dez anos mais tarde, ampliaram o bloco socialista e forneceram novos modelos para revolucionários em várias partes do mundo.

Desde então, milhares de pessoas pereceram nos conflitos entre o mundo capitalista e o mundo socialista. Em ambos os lados, a historiografia foi profundamente afetada pelas paixões políticas suscitadas pela Guerra Fria e deturpada pela propaganda. Agora, com o fim da Guerra Fria, o desaparecimento da União Soviética e a participação da China em instituições até recentemente controladas pelos países capitalistas, talvez seja possível dar início a uma reavaliação mais serena desses acontecimentos.

Esperamos que a leitura dos livros desta coleção seja, para os leitores, o primeiro passo numa longa caminhada em busca de um futuro em que liberdade e igualdade sejam compatíveis e a democracia seja a sua expressão.

Emília Viotti da Costa

Sumário

Lista de abreviaturas *19*

Apresentação *23*

Introdução *25*

1. A Revolução Angolana *45*

2. A Revolução Moçambicana *89*

3. A Revolução Etíope *125*

Balanço das revoluções africanas *177*

Referências *183*

Aos bolsistas do NERINT,
"jovens africanistas" sem os quais eu não poderia desenvolver meu trabalho de pesquisa e publicação.

Agradeço ao CNPq
pelo apoio a esse estudo através da Bolsa de Produtividade em Pesquisa, bem como por meio do Projeto *Parcerias Estratégicas do Brasil*, edital Renato Archer, sob a coordenação do Prof. Antônio Carlos Lessa.

Gostaria, igualmente, de agradecer aos Bolsistas de IC do NERINT/UFRGS Iara Binta Machado, Arthur Chini, Helena Melchionna e Isadora Steffens, que auxiliaram na pesquisa e aos pós-graduandos em C. Política Luiza Schneider, Nathaly Xavier e César Figueiredo, que colaboraram na preparação de tópicos específicos.

A Revolução será a panaceia dos males de qualquer sociedade e atuará como símbolo poderoso e como estímulo na vitória sobre a opressão e sobre a escassez de recursos.

Norberto Bobbio

Lista de siglas e abreviaturas[*]

AEPA	Associação dos Camponeses da Etiópia
Anangola	Associação Regional dos Naturais de Angola
ANC	Congresso Nacional Africano
CAIL	Complexo Agroindustrial do Limpopo
CEE	Comunidade Econômica Europeia
CELU	Confederação dos Sindicatos da Etiópia
CIA	Agência Central de Inteligência (Estados Unidos)
CLSTP	Comitê para a Libertação de São Tomé e Príncipe
Comecon	Conselho de Assistência Econômica Mútua
CONCP	Conferência das Organizações Nacionalistas das Colônias Portuguesas
COPWE	Comissão do Partido do Povo Trabalhador da Etiópia
CPLP	Comunidade dos Países de Língua Portuguesa
DERG	Comitê de Coordenação das Forças Armadas, Polícia e Exército Territorial (Etiópia, sigla em forma abreviada)
DISA	Direção de Informação e Segurança de Angola
DOM	Departamento de Organizações de Massa (Angola)
EDU	União Democrática da Etiópia
ELF	Frente de Libertação da Eritreia
ENDRP	Programa Revolucionário Nacional Democrático Etíope
EPLF	Frente Popular para a Libertação da Eritreia
EPRDF	Frente Democrática Revolucionária do Povo Etíope

---

[*] Por convenção da literatura especializada, algumas siglas foram mantidas em inglês.

EPRP	Partido Revolucionário do Povo da Etiópia
ESUE	União dos Estudantes Etíopes da Europa
Esuna	União dos Estudantes Etíopes da América do Norte
FAPLA	Forças Armadas Populares de Libertação de Angola
FLEC	Frente de Libertação do Estado de Cabinda
FMI	Fundo Monetário Internacional
FNLA	Frente Nacional de Libertação de Angola
FRAIN	Frente Revolucionária Africana para a Independência Nacional (Angola, Guiné-Bissau e Cabo Verde)
Frelimo	Frente de Libertação de Moçambique
GRAE	Governo da República de Angola no Exílio
JMPLA	Juventude do MPLA
Meison	Movimento Socialista Pan-Etíope
MFA	Movimento das Forças Armadas (Moçambique)
MIA	Movimento para a Independência de Angola
MLSTP	Movimento para a Libertação de São Tomé e Príncipe
MPLA	Movimento Popular de Libertação de Angola
NOEI	Nova Ordem Econômica Internacional
ODP	Organização da Defesa Popular (Angola)
OMA	Organização das Mulheres Angolanas
ONU	Organização das Nações Unidas
Onumoz	Operação das Nações Unidas para Moçambique
OUA	Organização da Unidade Africana
OTAN	Organização do Tratado do Atlântico Norte
PAIGC	Partido Africano para a Independência da Guiné e Cabo Verde
PCA	Partido Comunista de Angola
PDA	Partido Democrático de Angola
PIDE	Polícia Internacional e de Defesa do Estado (Portugal)
PLUA	Partido da Luta Unida dos Africanos em Angola
PMAC	Comitê Administrativo Militar Provisório (Etiópia)

PRE	Programa de Reabilitação Econômica (Moçambique)
PT	Partido dos Trabalhadores (Brasil)
RCT	Revolução Científico-Tecnológica
RDA	República Democrática da Alemanha
Renamo	Resistência Nacional Moçambicana
SADCC	Comissão de Coordenação do Desenvolvimento da África Austral
SADF	Força de Defesa da África do Sul
SPUP	Partido Unido do Povo Seychelense
SPPF	Frente Progressista do Povo Seychelense
SWAPO	Organização Popular do Sudoeste Africano
TPLF	Frente de Libertação do Povo do Tigre
TRA	Terceiro Exército Revolucionário (Etiópia)
Udenamo	União Democrática Nacional Africana de Moçambique
Unam	União Nacional Africana de Moçambique
Unami	União Nacional Africana de Moçambique Independente
Unita	União Nacional para a Independência Total de Angola
UNTA	União Nacional dos Trabalhadores Angolanos
UPA	União das Populações de Angola
URSS	União das Repúblicas Socialistas Soviéticas
WPE	Partido dos Trabalhadores da Etiópia
ZANU	União Nacional Africana do Zimbábue
ZAPU	União Popular Africana do Zimbábue

Apresentação

O material utilizado no livro provém de pesquisa para o CNPq, mas o tema e o recorte tiveram origem no Curso "África: Revoluções e Relações Internacionais", que ministrei na Pós-Graduação em Ciência Política da UFRGS. Nossa experiência "africanista" provém de ministrar cursos de História e de Relações Internacionais da África na UFRGS desde 1986. Desenvolveram-se, igualmente, pesquisas acadêmicas e, em 2005, foi criado o Centro de Estudos Brasil-África do Sul/CESUL, num convênio com a Fundação Alexandre de Gusmão, do Ministério das Relações Exteriores, com o objetivo de contribuir para o conhecimento sobre a região. O CESUL publicou uma coleção especializada e propicia intercâmbio com a África. Também foi constituída uma biblioteca especializada e há realização de seminários. Os contatos com as Universidades, centros especializados e pesquisadores na África "fizeram a diferença" para a compreensão das relações internacionais daquele continente.

Atualmente, minha pesquisa com Bolsa de Produtividade do CNPq versa sobre "O Brasil e a China na África" e se enquadra no Projeto *Parcerias Estratégicas do Brasil*, edital Renato Archer, sob a coordenação do Prof. Antônio Carlos Lessa, e no qual desenvolvo estudo sobre a África do Sul como parceiro estratégico do Brasil. Esse projeto propiciou uma Missão Técnica à África do Sul; em 2009, estive no Afrika Studie Centrum da Universidade de Leiden, Holanda, como pesquisador associado e, anteriormente, durante meu Pós-Doutorado em Relações Internacionais na London School of Economics, pude levantar amplo material de pesquisa na biblioteca dessa instituição e da School of Oriental and African Studies da Universidade de Londres.

Por fim, agradeço a minha colega da UFRGS, Analúcia Danilevicz Pereira, pela criteriosa revisão do texto.

Introdução

> A liberdade de um homem é o jugo de outro.
>
> *Provérbio africano*, Benin

Diversas revoluções no Terceiro Mundo ocorreram nos anos 1970, muitas das quais resultaram na implantação de regimes que se proclamavam socialistas, inclusive na África subsaariana. Foi uma época de euforia para as forças de esquerda, tendo em vista o contexto de crise econômica em que se encontravam os países capitalistas industrializados, a derrota dos Estados Unidos no Vietnã e a derrubada de alguns governos autoritários que integravam o flanco sul da OTAN.

No continente africano, a descolonização tardia dos territórios portugueses deu o ensejo para que movimentos de libertação abrissem caminho para revoluções nacionais democráticas e até socializantes, de forte impacto internacional. A essa mudança somou-se a derrubada do milenar império etíope – um país atrasado (de contornos feudais) que jamais fora colonizado –, o que ocasionou a implantação de um regime socialista com mudanças sociais profundas naquele país. Algumas ex-colônias francesas e uma ex-colônia inglesa, ambas com uma menor extensão geográfica, também viveram experiências semelhantes no mesmo período.

Aquela década testemunhou as árduas lutas decorrentes desses processos revolucionários, os quais tiveram de enfrentar poderosas forças conservadoras nacionais e estrangeiras para se manter. Passado o momento de conquista do poder, acompanhou-se mais de quinze anos de transformações sociopolíticas e conflitos violentos – o que culminou com o Termidor[1] dos respectivos regimes. Hoje, pouca gente conhece ou se lembra de tais experiências, pois a historiografia pós-Guerra Fria rotulou-os simplesmente como "regimes autoritários de partido único"; este rótulo, no entanto e de acordo com essa perspectiva, poderia ser usado em quase todos os Estados africanos do período, mas somente os que se posicionam como governos de esquerda foram designados dessa forma.

Feitas essas considerações, a presente obra analisará as revoluções angolana, moçambicana e etíope, dado se apresentarem como as mais marcantes na época. Abranger as três revoluções num único trabalho justifica-se do ponto de vista histórico, pois elas fazem parte de uma mesma conjuntura continental e mundial, além de possuírem características políticas comuns – se bem que na Etiópia já existia um Estado consolidado. Em geral, as revoluções africanas, além de incorporar as massas ao sistema político e promover o desenvolvimento socioeconômico, tiveram também de construir Estados e nações – conjunto de tarefas que puderam realizar apenas parcialmente.

Alguns acadêmicos argumentam que no caso específico desses países não se trata de "verdadeiras revoluções", e muito menos de regimes socialistas; todavia, e pelos critérios que estes mesmos críticos elencam para justificar suas teses (considerando, sobretudo, o curto tempo de duração desses governos), nem mesmo as experiências mais avançadas da URSS, da China e de Cuba teriam sido classificadas como revoluções socialistas; ou seja, jamais teria havido uma revolução socialista no mundo. A hipótese desta obra é a de que se tratava de revoluções que buscavam uma transição ao socialismo, mas que, ao lado de suas sérias debilidades, vivenciaram uma crise internacional que gerou o próprio colapso do campo soviético – um de seus sustentáculos, aliás. No mesmo sentido, o argumento é o de

---

[1] Referência ao mês do calendário da Revolução Francesa em que um golpe conservador encerrou o período radical liderado pelos jacobinos. Significa, em Ciência Política, o refluxo de um processo revolucionário.

que as revoluções socializantes desses três países provocaram transformações sociopolíticas e tiveram forte impacto internacional, inclusive perturbando o equilíbrio entre as grandes potências da Guerra Fria.

Revoluções e regimes socialistas

Para fins teóricos e metodológicos, neste estudo o conceito "Revolução" indica uma mudança brusca, geralmente violenta (mas nem sempre), que desencadeia a derrubada de um regime e a luta pela construção de outro novo. Essa ruptura na ordem vigente busca efetuar alterações estruturais nos ordenamentos jurídico-político e socioeconômico. O elemento deflagrador pode ser um levante de massas, uma insurreição armada, um golpe de Estado ou até mesmo uma transição política relativamente pacífica; para esses elementos conjunturais serem eficazes, porém, é necessário haver condições políticas objetivas favoráveis.

Além das Revoluções Burguesas, das Revoluções Democrático-Burguesas (com participação popular ativa) e das Revoluções Socialistas propriamente ditas, durante a segunda metade do século XX desenvolveram-se as Revoluções Democrático-Populares, especialmente em países periféricos. Tratava-se de revoluções de libertação nacional, democráticas, anti-imperialistas e "antifeudais" do Terceiro Mundo, geralmente ligadas à descolonização e ao nacionalismo. Nelas, os elementos deflagradores foram revoltas populares, mobilizações reformistas, golpes de Estado (inclusive militares) e lutas de guerrilha como as teorizadas e promovidas por Mao Zedong, Ho Chi Minh, Fidel e Raul Castro e Che Guevara, e Amílcar Cabral, entre outros. Nelas, havia uma aliança entre segmentos da pequena burguesia e do campesinato, além de setores do proletariado.

As teorias da revolução e do socialismo ainda estão fortemente centradas nos casos europeus, sendo limitados o conhecimento e a reflexão sobre as experiências do Terceiro Mundo, em geral mais recentes. Geralmente se insiste no fato de que os países periféricos "não estariam preparados" para a revolução e o socialismo, segundo uma interpretação restritiva da teoria marxista. Ocorre que durante a fase imperialista as contradições sociais mais agudas deslocaram-se do centro para a periferia, onde o processo de proletarização tornou-se mais agudo. Vale a pena ressaltar que a dimensão internacional, já importante nas revoluções clássicas, torna-se, então, ainda mais decisiva no quadro da crescente internacionalização aprofundada do capitalismo.

O socialismo de orientação marxista logrou, ao longo do século XX, impulsionar um conjunto de revoluções vitoriosas em sucessivas ondas. A primeira delas teve lugar na esteira da Primeira Guerra Mundial, com o triunfo da Revolução Russa e a construção do socialismo na URSS. A segunda, decorrente do antifascismo e dos resultados da Segunda Guerra Mundial, afetou o Leste Europeu, tanto através das "revoluções pelo alto" apoiadas por Moscou (e que constituiriam as Democracias Populares) quanto das revoluções autônomas da Iugoslávia e da Albânia.

A terceira, que vinha se desenvolvendo paralelamente às anteriores, teve como epicentro a Revolução Chinesa, iniciada já na década de 1920, caracterizada pela questão camponesa. Finalmente, na quarta e última, o movimento de descolonização e o nacionalismo do Terceiro Mundo protagonizaram o triunfo de diversas revoluções de orientação socialista, como a cubana, a vietnamita, a afegã, a sul-iemenita e as africanas dos anos 1970. Desde então, não mais ocorreram revoluções socialistas, ainda que várias tentativas de mudança de regime (como as que ocorreram na Venezuela ou em alguns países da África) tenham sido inspiradas, em parte, por ideias socialistas.

Segundo a experiência histórica, um regime socialista de tipo marxista (e leninista) implica na existência de um partido único ou hegemônico que se confunde com o aparelho estatal e exerce o poder como "guia" da sociedade e de seu processo de transição socialista. A economia é organizada de acordo com o princípio do planejamento econômico centralizado (no lugar do mercado), com a propriedade coletiva dos grandes meios de produção e a estatização dos bancos e do comércio exterior.

A sociedade tende a ser incorporada a um organismo único, com políticas visando à eliminação gradual das desigualdades e a universalização de políticas sociais como educação, saúde, habitação e emprego. Nos casos de que trataremos adiante, este processo (num quadro de tensão extrema e de forte pressão externa) foi materializado através de mecanismos autoritários e repressivos, mas com políticas de caráter paternalista.

Revoluções e relações internacionais

As revoluções sempre estão relacionadas a fatores tanto internos quanto externos e, na sequência de sua concretização, necessariamente geram um impacto internacional, na medida em que afetam regras internas nas quais a ordem (capitalista) internacional se baseia. Nesse sentido, inspiram forças políticas de outros países, tanto simpatizantes como adversárias, como lembra Fred Halliday (1999). Normalmente as revoluções dão origem a guerras externas, geralmente associadas a guerras civis internas.

No caso africano, as revoluções ocorreram durante a fase inicial de formação do Estado-nação, na esteira do colapso do aparato burocrático e repressivo colonial – com exceção da Etiópia, onde ocorreu a conquista do aparelho estatal, que foi transformado e reforçado. Da mesma forma, as revoluções tiveram lugar durante a etapa de construção do próprio sistema interafricano de relações interestatais, marcado pelo pan-africanismo e por clivagens entre progressistas e neocolonialistas. As revoluções mais antigas (décadas de 1950 e 1960), por sua vez, tiveram um efeito sistêmico no continente, como foi o caso das do Egito, da Argélia, da Líbia, além de Gana.

Dessa maneira, as revoluções africanas alteraram o precário equilíbrio que ia se estabelecendo entre os jovens e frágeis Estados, gerando um amplo efeito desestabilizador. A porosidade das fronteiras (que muitas vezes separavam um mesmo povo), bem como o efeito "demonstração" que esses movimentos desencadeavam nos Estados vizinhos, perturbavam gravemente a estabilidade de suas elites e as relações delas com suas ex-metrópoles. Em grande parte, as revoluções africanas estiveram associadas ao próprio processo de descolonização, seja como ponto culminante formal (como em Angola e Moçambique), seja como seu aprofundamento, em busca de autonomia político-diplomática e transformação socioeconômica (como em Benin e R. P. do Congo).

Outro ponto importante é que as revoluções africanas da década de 1970 ocorreram numa conjuntura em que era possível buscar alianças diplomático-militares alternativas em função da Guerra Fria, o que aprofundou os conflitos ligados a tais alianças. O apoio cubano, soviético e alemão oriental foi um elemento importante, enquanto a China Popular exerceu um papel progressista apenas na Tanzânia, em Moçambique e no Zimbábue. Já os processos revolucionários de alcance limitado e/ou ocorridos em pequenos países foram mantidos dentro de limites mais restritos, contribuindo para seu não aprofundamento, e neles, não houve radicalização ou mobilização de amplas parcelas da população, exceto nas ilhas Seychelles e na República Popular do Congo (Brazzaville).

Revoluções resultantes de longas guerrilhas, por sua vez, tiveram efeitos mais profundos, interna e/ou externamente, como foram os casos de Angola e Moçambique (onde um colonialismo arcaico foi varrido completamente), bem como o do Zimbábue (um resultado pactuado, mas que desarticulou o anel defensivo da África do Sul do *apartheid*). Na mesma linha, o golpe militar, a ampla mobilização popular e o regime socializante resultante da revolução etíope puseram abaixo um império milenar e eliminaram definitivamente uma classe de nobres proprietários de terra. Todos esses processos revolucionários propiciaram a eclosão de violentas e devastadoras guerras regionais com o envolvimento de grandes potências na África Meridional e no Chifre Africano.

As revoluções africanas estiveram associadas, desde suas origens, a redes internacionais e alteraram o perfil da descolonização, tendo permitido que países como Cuba exercessem um grande papel no continente. Da mesma forma, contribuíram decisivamente para a queda de ditaduras e promoveram processos de democratização em Portugal, na Rodésia/Zimbábue, na Namíbia e, finalmente, na África do Sul. E mesmo o recuo dos regimes socializantes de Angola, Moçambique e Etiópia no início dos anos 1990 não representou a restauração de uma antiga ordem, pois nestes países emergiram Estados nacionais consolidados, apoiados nas estruturas criadas pelas respectivas revoluções.

O CONTEXTO HISTÓRICO: A DESCOLONIZAÇÃO AFRICANA

O processo de descolonização afro-asiático ocorreu em três etapas sucessivas. Na segunda metade dos anos 1940 a Ásia Oriental e Meridional tornou-se independente, sob uma forma mais radical, gerando Estados socialistas ou nacionalistas e neutralistas. Na década de 1950 o Oriente Médio viveu revoluções nacionalistas e na passagem dos anos 1950 aos 1960 a África conheceu uma descolonização relativamente moderada em termos políticos, embora as colônias portuguesas só viessem a se tornar independentes em 1974-75, com um processo de ruptura mais profundo. Nesse processo, o Terceiro Mundo seguiu quatro caminhos básicos na constituição dos novos Estados: a) um acordo da metrópole com a elite local para uma independência gradativa (África tropical); b) a exploração (por parte da metrópole e seus colaboradores de divergências internas como forma de controlar o processo (como na Índia e Paquistão); c) luta fracassada dos interesses coloniais contra guerrilha revolucionária (guerra franco-vietnamita e argelina); e d) apoio dos interesses coloniais à facção conservadora durante guerra civil (Filipinas, Vietnã do Sul, Coreia do Sul e China).

A descolonização da África negra (ou subsaariana) foi tardia e relativamente controlada, pois as potências coloniais anteciparam-se ao amadurecimento dos protestos e puderam encaminhar as independências nos parâmetros do primeiro caso. Estudantes oriundos das elites locais foram enviados para estudos superiores nas metrópoles; a administração tornava-se paulatinamente africanizada e assessorada por técnicos europeus, enquanto a autonomia política era concedida progressivamente a uma burguesia nativa previamente cooptada.

Os primeiros países africanos a se libertar, entretanto, foram os que mais lutaram para escapar desse tipo de dependência. Em 1957 Gana obteve a independência da Inglaterra e o Primeiro Ministro Kwame Nkrumah adotou uma política de neutralismo ativo, aproximando-se da URSS e da China Popular e declarando-se partidário do Pan-africanismo. No ano seguinte, a Guiné separou-se da França, e o primeiro-ministro Sekou Touré recebeu apoio dos países socialistas por sua linha política próxima à de Nkrumah.

Ao lado do nacionalismo árabe, tanto em sua versão nasserista como argelina, o Pan-africanismo e a negritude serviram de catalisadores às vanguardas e elites africanas na luta pela independência. Contudo, na África negra a mobilização popular era embrionária e esbarrava em problemas sérios. A luta dos poucos sindicatos e partidos ressentia-se de certa debilidade, e as revoltas chefiadas por associações secretas de tipo tradicional e/ou religioso – como a revolta dos Mau-Mau no Quênia (1952-54) – redundaram em fracasso. Mas o carisma e o prestígio de líderes africanos como Nkrumah, Sekou Touré, Julius Nyerere, Mobido Keita e mesmo de um moderado como Léopold Senghor, preocupavam as metrópoles.

Em 1960 – o "ano africano" – a maioria dos países do continente tornou-se independente da França e da Grã-Bretanha, dentro da linha "pacífica", gradual e controlada: Camarões, Congo-Brazzaville, Gabão, Chade, República Centro-africana, Togo, Costa do Marfim, Daomé (atual Benin), Alto Volta (atual Burkina-Faso), Niger, Nigéria, Senegal, Mali, Madagascar, Somália, Mauritânia e Congo-Leopoldville (depois Zaire e atualmente República Democrática do Congo). Entre 1961 e 1966 foi a vez de Serra Leoa, Tanzânia, Uganda, Ruanda, Burundi, Quênia, Gâmbia, Botswana e Lesoto. Todos os novos Estados localizavam-se na zona tropical africana e neles era limitado o número de colonos europeus, o que facilitou a transferência do controle formal dos diversos países à burguesia e classe média negra.

Nem tudo, entretanto, correu tão tranquilamente. No Congo-Leopoldville, os belgas abandonaram precipitadamente o país assim que eclodiram os primeiros distúrbios. Patrice Lumumba, líder nacionalista e progressista congolês tornou-se primeiro-ministro, no contexto de uma guerra civil com intervenção externa. Lumumba acabou sendo assassinado por seus rivais pró-ocidentais e Mobutu acabou implantando um regime que se notabilizou pelo autoritarismo, pela corrupção e subserviência às nações europeias e aos Estados Unidos por trinta anos.

Vários Estados africanos, face à sua debilidade, tentaram associar-se em nível continental, dentro dos postulados pan-africanistas, ou federar-se pragmaticamente em escala regional, mas a falta de mínimas condições objetivas impediu a realização dessas aspirações. Em 1961 formaram-se dois blocos englobando os jovens Estados africanos: o Grupo de Casablanca, com sete membros, propunha uma diplomacia neutralista e uma ruptura mais profunda com as metrópoles (Nasser do Egito, Touré da Guiné e Nkrumah de Gana eram seus principais articuladores); o Grupo de Monróvia, integrado por vinte e um membros, seguia uma linha mais moderada, vinculada ao neocolonialismo (Senghor do Senegal e Burguiba da Tunísia eram suas maiores expressões). Apesar das divergências existentes na Conferência de Addis Abeba, em 1963, foi criada a OUA, com comissões para arbitramento de conflitos e comitês de libertação para os territórios ainda submetidos. Diante da absoluta falta de outros parâmetros para delimitação dos Estados a OUA aprovou como regra para a África a manutenção das fronteiras herdadas do colonialismo.

A maioria dos países francófonos manteve alguns vínculos com a ex-metrópole através da Comunidade Francesa de Nações (Paris passou a exercer a hegemonia no continente), e os anglófonos com a *Commonwealth* britânica. Além disso, quase todos os demais assinavam acordos bilaterais com a antiga potência colonial ou com os Estados Unidos, abarcando várias áreas de cooperação. No campo militar, esses acordos efetivavam-se através da venda de armas, treinamento de oficiais e presença de assessores e missões em solo africano. No plano cultural, o intercâmbio fazia com que até as cartilhas de alfabetização viessem da Europa, onde também estudavam os jovens da elite, futuros administradores do país.

Quanto à economia, não só a dependência externa como países exportadores de matérias-primas e produtos primários implicava a manutenção de vínculos de subordinação (agora modernizados), mas também no plano interno permaneciam quase inalterados os sistemas de produção e preservavam-se os interesses estrangeiros. A carência de tecnologia, de investimentos e a falta de técnicos tornavam essa subordinação estrutural. No tocante à diplomacia, a maioria das jovens nações africanas tinha pouca margem de manobra, devido à falta de recursos e à dependência externa. Esses fatores serviam para configurar uma relação tipicamente *neocolonial*.

Os problemas africanos eram imensos. As fronteiras desses países eram artificiais, tanto no que se refere ao mínimo critério de racionalidade geoeconômica como histórico-cultural. Grupos etnolinguísticos historicamente rivais eram reunidos num mesmo Estado, enquanto outros se encontravam separados por uma linha traçada à régua no mapa: o Estado antecedia à existência de uma nação. Na ausência de um idioma comum, oficializava-se o do ex-colonizador, enquanto a massa camponesa analfabeta continuava a utilizar os diversos dialetos tribais. As rivalidades entre os distintos grupos haviam sido estimuladas pelos colonizadores como forma de dominação, e deixavam uma herança trágica, expressa no problema das minorias e do "tribalismo", além do antagonismo entre assimilados e não assimilados à cultura europeia. À ausência de médicos, engenheiros, administradores e professores somava-se uma estrutura de classes fragmentada, nos marcos de uma economia controlada de fora (exceto as extensas áreas ainda na fase da subsistência). A precaríssima rede de transportes ligava apenas os enclaves exportadores aos portos, inexistindo qualquer integração nacional. O domínio econômico-cultural da antiga metrópole gerava um processo de corrupção das elites em níveis inimagináveis (Mobutu, presidente do Zaire, tornou-se um dos homens mais ricos do planeta). Dessa forma, a maioria da população, após breve e limitada mobilização, voltou a mergulhar na apatia.

Golpes militares progressistas e guerrilhas antirracistas

Contudo, muitos dos constantes golpes de Estado, perpetrados pelo exército, possuíam um caráter progressista e modernizador (às vezes socializantes), pois a instituição era uma das poucas de expressão nacional acima das divisões tribais e em contato com a realidade social do país – embora a maioria deles não conseguisse implementar seu programa. Da mesma forma, a quase duplicação do número de Estados existentes em apenas uma década, apesar da fragilidade dos mesmos, não deixou de alterar consideravelmente as relações internacionais, transformando o caráter da ONU e reforçando o Movimento dos Países Não Alinhados. A debilidade econômica da maioria das jovens nações africanas não impediu que algumas delas – como Guiné, Gana, Zâmbia, Tanzânia e Argélia, entre outras – tivessem por longo tempo uma postura diplomática firme na luta pela emancipação política completa do continente e contra a dependência neocolonial. Muitos deles procuraram uma cooperação política e econômica com os países socialistas, o que permitiu em parte a atitude relativamente autônoma acima descrita. Entretanto, a ajuda econômica socialista era modesta para as necessidades dessas nações, e a descontinuidade política delas fazia com que Moscou mantivesse uma atitude cautelosa. Esse fenômeno permaneceu vigente até a primeira metade dos anos 1980.

A descolonização da África no início dos anos 1960 deixou de fora os chamados "bastiões brancos" do sul do continente. Portugal, que servia de testa de ferro aos interesses econômicos transnacionais, recusou-se a conceder a independência a Angola e a Moçambique. A África do Sul, governada pela minoria branca (20% da população), permanecia no poder e também controlava a Namíbia e, na Rodésia (atual Zimbábue), os colonos brancos

(5% da população) apoiaram Ian Smith na proclamação da independência em 1965, gerando um regime racista que não foi reconhecido por Londres. A África do Sul, onde a segregação racial do *apartheid* estava consagrada na Constituição, possuía grande força econômica e estava associada aos capitais estrangeiros e empresas transnacionais. A África Austral, em seu conjunto, possuía imensas reservas de minerais estratégicos e potencialidades agrícolas, além de deter uma posição geopolítica estratégica na rota entre o Oceano Atlântico e o Índico.

A impossibilidade dos movimentos anticoloniais em lograr a independência, um governo de maioria negra, ou mesmo o direito de participação política (em decorrência da intransigência de Lisboa ou das minorias brancas) levou-os a desencadear a luta armada. O Congresso Nacional Africano (ANC) abandonou as posições moderadas após o massacre da Sharpeville (1960), aliou-se ao Partido Comunista sul-africano e iniciou uma guerrilha em condições dificílimas; isso também ocorreu com SWAPO na Namíbia, em 1966, após a recusa da África do Sul em devolver à ONU esse território que administrava em *fideicomisso*, e com a ZAPU e a ZANU, com a declaração da independência da Rodésia pelos brancos.

1970, A DÉCADA DAS REVOLUÇÕES

Nos anos 1970, em função dos crescentes problemas econômicos e estratégicos decorrentes do desgaste da hegemonia norte-americana, o presidente Nixon e o Secretário de Estado Kissinger – preocupados em desengajar seu país do atoleiro vietnamita, bem como em reduzir os custos político-econômicos da liderança mundial dos Estados Unidos – articularam a Doutrina Nixon. Além dos aspectos ligados à Guerra do Vietnã, ela atribuía aos aliados regionais um papel maior nas tarefas de segurança e, mais importante, o estabelecimento de uma aliança antissoviética estratégica com a República Popular da China. A nova correlação de forças então criada gerou um desequilíbrio de poder global, claramente desfavorável à Moscou. Frente a esse quadro, os soviéticos buscaram intensificar sua colaboração com os movimentos de libertação nacional e revolucionários do Terceiro Mundo, sobretudo através de uma aproximação com o Movimento dos Países Não Alinhados e com Cuba. Potencializando esses movimentos, o grupo brejneviano esperava obter um reequilíbrio estratégico.

Esse jogo, entretanto, extrapolou os limites habituais do confronto Estados Unidos-URSS. O novo contexto mundial estava marcado por uma relativa tendência à multipolaridade e pela propagação da crise econômica através da periferia. Essa crise, estruturalmente decorrente do esgotamento do ciclo capitalista de expansão do pós-Segunda Guerra Mundial, aflorou com a desvinculação do dólar em relação ao ouro em 1971, a reestruturação da produção, a nova divisão internacional do trabalho, a globalização financeira, a RCT e a elevação dos preços do petróleo, desde 1971, mas especialmente após a guerra do Yom Kippur (1973).

O forte impacto da crise na periferia propiciou um elevado potencial de mobilização social por forças esquerdistas e nacionalistas. Essa conjuntura foi aproveitada pelos movimentos revolucionários e de libertação nacional do Terceiro Mundo, no contexto do desencadeamento uma ampla onda revolucionária na década de 1970, com apoio, às vezes ostensivo, do campo socialista. Da Etiópia e Angola ao Vietnã (em 1974-75), da Nicarágua ao Irã e Afeganistão (em 1978-79), mais de uma dúzia de revoluções anti-imperialistas, e mesmo socialistas, abalaram um sistema internacional já marcado pelo desgaste do império americano e da economia mundial. A estes eventos somou-se a queda dos regimes ditatoriais europeus pró-americanos em 1974-75: Portugal, Espanha e Grécia.

A queda das ditaduras mediterrâneas perturbou o flanco sul da OTAN e afetou diretamente o continente africano. Além disso, ela estava associada à onda revolucionária que atingiu também o Sudoeste Asiático (Oriente Médio), o chamado Arco das Crises (do Chifre da África ao Afeganistão) e, em seguida, a América Central. Em 1974 a Revolução dos Cravos (que adquiriu contornos populares e esquerdistas) punha fim ao fascismo mais antigo no poder. A queda do salazarismo era fruto da estagnação portuguesa e do desgaste causado pelas guerras coloniais na África. No ano seguinte, após a morte de Franco, a Espanha era conduzida à redemocratização, sob o impacto da penetração de um capitalismo moderno no país.

Outras Revoluções com regimes socializantes

Dentre os golpes que produziram regimes esquerdistas e anti-imperialistas merecem referência: em 1969, o de Siad Barre na Somália, de Marien N'Gouabi no Congo; em 1972, de Mathieu Kérékou no Daomé/Benin, o dos militares em Madagascar (liderado por Ratsiraka desde 1975); em 1974, dos militares na Etiópia; e, em 1977, em Seychelles, Albert René e suas milícias esquerdistas tomaram o poder sem derramamento de sangue, proclamando uma república socialista, sendo que todos estes viriam a se definir como marxistas-leninistas (exceto Seychelles).

No Daomé (um país extremamente pobre) em 1972, um grupo de jovens oficiais derrubou o corrupto e instável regime neocolonial, adotando uma linha nacionalista e aproximando-se da China, da Coreia do Norte e da Líbia. Tendo consolidado o poder em 1974, ele declarou seu regime marxista-leninista, afirmando buscar implantar um Estado e uma sociedade socialistas, através do Partido Revolucionário Popular. No ano seguinte o país foi rebatizado como República Popular do Benin, com uma nova bandeira socialista. O Benin logrou obter estabilidade política, criou um sistema político e comunal de base e nacionalizou as grandes propriedades e empresas estrangeiras. A descoberta de petróleo permitiu certa melhoria econômica para a população.

O Congo-Brazzaville, de certa forma, possuía um padrão distinto, pois sua população urbana era expressiva e bastante politizada, com sindicatos e movimentos políticos. Já em 1963 o presidente Massemba Débat proclamou seu governo socialista, mas havia uma dualidade de poder, entre um exército neocolonial e a milícia da juventude do Movimento Nacional revolucionário. Marien N'Gouabi, um militar da ala esquerda do exército, assumiu o poder em 1969 e criou o Partido Congolês do Trabalho. Em 1973 foi promulgada uma nova Constituição, proclamada a República Popular do Congo, promovidas nacionalizações e adotada uma bandeira vermelha com os símbolos socialistas do trabalho. Quando preparava um congresso para radicalizar a Revolução, em 1977, ele foi assassinado, mas o golpe falhou e, em 1979, Denis Cassou N'Gesso assumiu a presidência.

Em Madagascar, ocorreram distúrbios em 1972, os quais conduziram à destituição do governo neocolonial de Tsiranana e à implantação de um regime militar (liderado pelo General Ramanantsoa) e a retirada das tropas francesas no ano seguinte. A instabilidade perdurou até 1975, quando o Capitão de Fragata Didier Ratsiraka assumiu o poder e implantou um regime de orientação socialista, apoiado por uma coalizão de partidos – a Frente Nacional da Revolução. A crise econômica do final dos anos 1980 obrigou o país a abandonar a orientação socialista; a vitória eleitoral de Albert Zafy, em 1992, consolidou a adoção de uma economia de mercado no empobrecido e isolado país, mas em 1997 Ratsiraka voltaria ao poder por via eleitoral.

Nas ilhas Seychelles, no Oceano Índico, os britânicos permitiram a independência em 1976, com a fundação da República de Seychelles, com Mancham (pró-britânico) como presidente e Albert René como Primeiro Ministro. Um ano depois, quando Mancham se encontrava no exterior, as milícias do SPUP tomaram o poder sem derramamento de sangue. Foi instituída a SPPF como partido único, e proclamada uma república socialista. Albert René foi continuamente reeleito, mesmo depois que o multipartidarismo foi implantado nos anos 1990. Ele se aposentou em 2004, ainda no poder, e seu partido continua no poder até o presente.

Luta armada e independências na África portuguesa

O longo e imobilista regime salazarista se negava a conceder independência ou, mesmo, autonomia aos povos coloniais africanos, inclusive reprimindo com brutalidade as manifestações políticas. Nesse contexto, na década de 1960 o

PAIGC, liderado pelo cabo-verdiano Amílcar Cabral (ideólogo e estrategista da luta armada de influência marxista nas colônias portuguesas) lançou a guerrilha na Guiné-Bissau (com apoio de voluntários cubanos); enquanto isso, nas colônias portuguesas insulares de Cabo Verde e São Tomé e Príncipe, face às dificuldades geográficas, a luta independentista era apenas política. Cabral foi assassinado por agentes portugueses em 1973 quando se encontrava na Guiné (Conakri), que dava refúgio ao movimento.

Em Moçambique, os diversos movimentos fundiram-se na Frelimo, que iniciou suas ações armadas no norte, em 1964, com a retaguarda apoiada pela Tanzânia. No sul, praticamente não havia organização entre os trabalhadores das minas; foi apenas quando os assimilados de Lourenço Marques (a capital, depois da independência foi rebatizada Maputo) e elementos da diáspora que se encontravam na Europa se somaram ao movimento, que ele adquiriu contornos mais definidos e passaram a receber treinamento militar na China. A Frelimo era liderada pelo moderado Eduardo Mondlane (graduado nos Estados Unidos) e, após seu assassinato em 1969, foi sucedido pelo mais "radical" Samora Machel.

Em setembro de 1974, com a Revolução dos Cravos, Kaunda, presidente da Zâmbia, estimulou a assinatura do Acordo de Lusaka, que estabeleceu um Governo Transitório; como a Frelimo ainda não estava implantada no sul, surgiram em Maputo movimentos integrados por portugueses e pela elite africana, com a finalidade de conquistar o poder, pois o exército português estava desmobilizado e os guerrilheiros ainda não haviam chegado. Seguiu-se uma onda de violência espontânea, com massacre de brancos, que levou à eliminação desses grupos, e a Frelimo ficou sem concorrentes.

Em Angola, o processo foi muito mais complexo. Com o massacre de milhares de africanos pelos portugueses (na esteira das primeiras ações de protesto em 1961), várias organizações também desencadearam a guerra contra os portugueses. Esses grupos aglutinaram-se progressivamente em três movimentos:

a FNLA, o MPLA e, mais tarde, a Unita. A FNLA e a Unita eram correntes moderadas e pró-Ocidentais de base étnica do norte (bakongos) e do sul (lunda, ambó e nganguela), respectivamente; o MPLA era de tendência marxista, de base urbana e interetnica, mas com predominância dos quimbundos e ovimbundos, da região central e litorânea. A primeira era apoiada pelo Zaire (Mobutu era cunhado de Holden Roberto), Estados Unidos e China; a segunda pela África do Sul, China e, discretamente, durante certo período, pela própria polícia política portuguesa, enquanto o terceiro movimento tinha um suporte cubano e soviético.

Em 1973 o PAIGC proclamou a independência da Guiné-Bissau nos territórios libertados, e os portugueses reconheceram-na em setembro de 1974. Em julho de 1975, São Tomé e Príncipe (sob a direção do marxista – MLSTP – e Cabo Verde – também sob a direção do PAIGC – tornaram-se independentes, todos os três com regimes socializantes de partido único). Um dado curioso foi que dois países – Guiné-Bissau e Cabo Verde – eram governados pelo mesmo partido e trabalharam pela unificação, mas ela foi abandonada em 1980, havendo também a divisão do partido.

Com a Revolução dos Cravos em Portugal em abril de 1974, a situação em Angola e Moçambique tornou-se complicada. Foram meses tensos, mas em junho de 1975 Moçambique tornou-se uma República Popular, o que foi mais problemático em Angola, que mergulhou numa guerra civil entre os três movimentos de libertação, com apoio externo a cada um deles.

Em novembro, enquanto a invasão de tropas zairenses em apoio à FNLA era derrotada no norte (com ajuda cubana), o MPLA proclamava a República Popular de Angola em Luanda e a Unita (com apoio sul-africano), proclamava a República Democrática de Angola em Huambo, no planalto angolano. A invasão sul-africana e o avanço da Unita foram derrotados por forças cubanas e do MPLA no sul, mas seguiram-se quase quinze anos de guerra entre eles, devastando o país. Logo as forças contrarrevolucionárias da Renamo, com apoio dos regimes racistas da Rodésia e da África do Sul, dariam início a uma guerra civil que devastou completamente a nação moçambicana e somente se encerrou em 1992. Em 1989 os cubanos retiraram-se de Angola, mas a guerra civil só foi encerrada em 2002, com a morte de Savimbi.

Por uma década e meia, a partir de 1975, ambos os países lutaram para implantar uma sociedade de orientação socialista, estratégia que foi abandonada no final dos anos 1980 devido aos impasses militares, ao desgaste e ao abandono pelos soviéticos durante a *Perestroika* de Gorbachov. O mundo que havia permitido a eclosão das revoluções de Angola e Moçambique desaparecera, iniciando-se o ciclo da globalização neoliberal, ao qual MPLA e Frelimo viram-se na contingência de se adaptar para sobreviver.

A Revolução Etíope

Na Etiópia, castigada pela miséria, seca e pelas guerrilhas muçulmanas e esquerdistas na Eritreia – na esteira de uma série de greves e de intensa mobilização popular na capital – o velho imperador pró-americano Hailé Selassié foi derrubado, em 1974, por um golpe militar que proclamou a República. A junta militar (DERG) exprimia um populismo pouco definido, enquanto as oposições, o caos e as tendências centrífugas ameaçavam a existência do novo regime e a própria unidade do país.

Enquanto crescia a luta de facções dentro do grupo dirigente, o DERG ligava-se cada vez mais a propostas de esquerda e implementava uma ampla reforma agrária, mobilizava a população, rompia com os Estados Undos e fechava as bases americanas, passando a enfrentar os movimentos de oposição conservadores. Em 1977, ascendeu à direção do DERG o Coronel Mengistu Haile Marian. Enquanto o regime definia-se pelo socialismo, as rebeliões separatistas ou autonomistas agitavam quase todas as províncias, especialmente a Eritreia e o Ogaden, povoado por somalis, que haviam criado uma guerrilha, apoiada pela Somália.

Nesse momento a Somália atacou a região de Ogaden, em apoio aos guerrilheiros. A iniciativa somali foi claramente encorajada pela Arábia Saudita, Egito e Estados Unidos. Fidel Castro visitara os dois países em litígio e a Eritreia, tentando mediar o conflito através da proposta de formação de uma confederação entre as três entidades, que formalmente definiam-se como socialistas. Mas a Somália expulsou todos assessores soviéticos do país, e Moscou e Havana acolheram, então, o pedido de ajuda da Etiópia. A guerra encerrou-se com a vitória etíope-cubana, mas tanto na Eritreia como na província setentrional do Tigre, as guerrilhas continuaram ativas.

O conflito do Chifre da África viria a prosseguir por longos anos (até o presente), desgastando os países da região e afetando o conjunto da África, o Oriente Médio e a própria política internacional. O Chifre da África protagonizou uma violenta guerra com a presença direta e indireta das grandes potências. Ainda que marcado por estruturas militarizadas, a revolução etíope desenvolveu um bem sucedido projeto de reforma agrária e de alfabetização, que lhe garantiu uma base social efetiva. Todavia, como nos casos de Angola e Moçambique, o regime socialista teve de fazer frente a uma guerra devastadora e permanente, o que inviabilizou parte do processo de transformações socioeconômicas e distorceu as estruturas políticas.

Da mesma forma que em Angola, em Moçambique (no final dos anos de 1980) Moscou foi, gradativamente, cortando o apoio ao regime etíope, até abandoná-lo à própria sorte. Em 1989, a aliança de diversos grupos rebeldes (da província do Tigre e da Eritreia, todos de extrema-esquerda) deu origem à EPRDF. Obtendo sinal verde dos Estados Unidos, após se converter ao liberalismo político e econômico, os guerrilheiros avançaram e tomaram a capital, derrubando o regime do DERG, em 1991. Com base num acordo, a Eritreia obteve a independência em 1993. Na Somália, a derrubada do regime (socializante) de Siad Barre, em 1991, produziu a fragmentação do país entre quatorze facções, situação que perdura até o presente (2011).

1. A Revolução Angolana

O COLONIALISMO PORTUGUÊS E OS MOVIMENTOS
DE RESISTÊNCIA ARMADA

Angola localiza-se na costa ocidental da África Austral, abrangendo, ainda, um enclave ao norte (a Província de Cabinda), sendo o sexto mais extenso país africano, com 1,2 milhões de km², um litoral de 1.650 km de extensão e uma fronteira terrestre de 4.837 km. Há quatro zonas de relevo: a) a planície litorânea, ao longo da costa, estreita ao sul e mais larga ao norte, na bacia do Rio Kwanza; b) a de transição subplanáltica, uma espécie de escadaria de pequenos planaltos escalonados e separados por degraus íngremes; c) a cadeia marginal de montanhas, uma série de elevações que atingem maiores altitudes; e, finalmente, d) a planáltica, que ocupa grande parte do território.

Angola apresenta grande variação climática, apresentando desde o clima seco do deserto, ao tropical chuvoso de savana, e temperado de altitude. A vegetação é constituída de cinco zonas naturais: floresta úmida (Maiombe); savana associada à mata (Luanda); savana seca com árvores e arbustos (a leste); estepe, ao longo de uma faixa costeira (Sumbe); e desértica, no extremo sul do país (deserto do Namibe). A região norte, inclusive o enclave de Cabinda, têm chuvas durante quase todo o ano. A maioria dos rios de Angola nasce no Planalto do Bié e o solo angolano é, em grande parte, propício à agricultura. O subsolo, por sua vez, possui grandes recursos minerais. A população é de quase 20 milhões de habitantes, descendentes de diferentes etnias, como os bakongos, kimdundus, ovibundos (do grupo bantu) e outros. O português é o idioma oficial, mas ainda existem línguas africanas de origem bantu muito faladas.

O longo, mas limitado colonialismo português

O território de Angola, antes da chegada dos portugueses, era habitado por koisans e povos bantus, como bakongos, kicongos e outros. Alguns estavam organizados de maneira tribal e outros chegavam até mesmo a constituir reinos. O reino unificado mais antigo da região era o do Kongo, localizado perto do Atlântico, na atual fronteira entre Angola e Zaire. Os outros dois reinos da região eram o Ndongo – que se estabeleceu em volta dos rios Dande e Cuanza –, e o Lunda – que emergiu nas cercanias do Rio Kasai.

Na foz do Rio Congo, em 1482, ocorreu o primeiro contato com o português Diogo Cão. A relação de Portugal com o reino do Kongo evoluiu principalmente a partir de 1506, quando o comércio de escravos teve um grande impulso, tendo em vista que os portugueses precisavam de mão de obra barata para as grandes plantações de cana-de-açúcar, que estavam estabelecendo no Brasil. Em 1568, o reino do Kongo foi atacado por Jaga e, para defender-se, pediu o auxílio de Portugal, que enviou o governador de São Tomé no comando de uma força armada para expulsar os invasores. Depois de lutar de 1571 a 1573, o governador ocupou o reino do Kongo e conquistou as terras mais ao sul, que era território dos Mbundu, fundando a colônia de Angola. Com a fundação de Luanda, em 1575, os portugueses deram início ao sistemático aprisionamento e tráfico de escravos. Alguns reinos da região opuseram-se à ocupação portuguesa até o século XVIII, que ficou restrita ao litoral. Conflitos e escravização reduziram consideravelmente a população angolana.

Apenas no fim do século XVIII é que houve tentativas significativas de diversificar a produção de Angola, com o desenvolvimento de plantações de algodão e café. Entretanto, as iniciativas não deram certo e, no início do século XIX, a colônia continuava a ser fonte de apenas um produto: escravos. Tal comércio, contudo, estava fadado a acabar sob as crescentes pressões britânicas. Em 1836, Portugal proibiu oficialmente o tráfico de escravos e, em 1878, a escravidão foi abolida em Angola.

Os limites da Angola portuguesa, bem como das demais colônias na África, foram definidos a partir da Conferência de Berlim, em 1884. Após a abolição da escravatura em Angola, haviam sido feitos diversos experimentos agrícolas, visando encontrar um produto que substituísse os escravos na pauta de exportação da colônia. O café foi bem sucedido e passou a ganhar destaque na economia angolana; entretanto, já que não havia mais escravos, colocava-se o problema de como suprir a demanda de mão de obra barata que surgiria por parte das fazendas de café. A resposta portuguesa, então, foi a instituição do trabalho forçado em Angola, que vigorou de 1878 até 1961. A base desse sistema estava assegurada por uma legislação que estipulava que os africanos que estivessem sem ocupação poderiam ser submetidos a contratos de trabalho compulsórios.

Durante as três décadas subsequentes à Conferência de Berlim, os portugueses engajaram-se numa série de guerras, chamadas de "campanhas de pacificação", cujo objetivo era subjugar os povos de Angola, eliminando toda a resistência. No início do século XX, ocorreu uma transição para o governo civil, no período que se seguiu à instauração da república em Lisboa, em 1910. Foram estabelecidas importantes mudanças administrativas que conferiram à administração colonial maior autonomia, principalmente financeira. O governador expansionista, Norton de Matos, procedeu à destruição de todas as autoridades tradicionais africanas restantes através do estabelecimento de povoamentos controlados e da manutenção das diferenças entre os grupos étnicos. Tal sistema visava fragmentar ligações tradicionais e costumes, bem como enfraquecer ao máximo quaisquer indicações de unidade, tais como crenças religiosas comuns e laços linguísticos entre as comunidades africanas.

Assim, como resultado da Conferência de Berlim, Portugal pôde ampliar sua presença com a demarcação de sua esfera no interior. Cresceu o número de colonos no território angolano: em 1900, estimava-se que 10 mil colonos estavam em Angola, número que ascendeu a 80 mil em 1950 e, em 1974 ampliou-se para 350 mil. No entanto, apenas um em cada 100 colonos vivia em fazendas no interior, pois a economia colonial estava baseada na exploração de recursos minerais e agrícolas, como diamantes e café.

Durante o período republicano de Portugal (1910-26), Angola experimentou alguma liberdade política que permitiu o surgimento dos primeiros movimentos políticos africanos, com a criação do Partido Reformista de Angola (1910) e da Liga Angolana (1912). Entretanto, tais partidos promoviam apenas o avanço dos interesses africanos no âmbito da colônia, principalmente com relação à abolição do trabalho forçado, sem reivindicar a descolonização. De fato, o nacionalismo africano – como uma base de ideias coerente, e que contasse com um movimento organizado para promovê-las – só emergiu em meados da década de 1950.

A queda da democracia, em 1926, e a subsequente ascensão do Estado Novo sob a liderança de Salazar causaram profundas mudanças nas relações econômicas entre Portugal e suas colônias. Salazar queria tornar a África autossuficiente, enquanto a transformava em mercado para os bens de Portugal; contudo, nenhum investimento foi feito pela metrópole para possibilitar a autossuficiência das colônias. Além disso, uma das principais características do governo salazarista era a mítica criada em torno das colônias, com base na ideia de uma "comunidade pan-lusitana" unificada pela cultura portuguesa, a qual partia da falsa premissa da "ausência histórica de racismo entre o povo português" (Somerville, 1986).

Nesse novo contexto, o governo de Portugal promoveu o fim da existência autônoma das organizações africanas que, embora não tenham sido banidas, foram reorganizadas sob o controle estatal e reduzidas ao *status* de "clubes de cultura". Apesar da continuação do regime salazarista – que evitava, até certo ponto, a chegada de ideias revolucionárias e sentimentos anticoloniais em Angola – o contato dos angolanos com as demais colônias africanas levou a minoria de africanos educados a criticarem cada vez mais o regime colonial nas décadas de

1940 e 1950. No decorrer do desenvolvimento do movimento nacionalista foi fundado o Partido Comunista de Angola (PCA), que surgiu a partir do Partido Comunista Português e trouxe, pela primeira vez na história do país, a ideologia marxista para as ideias revolucionárias. Em meados dos anos 1950 foi criado, em Luanda, um agrupamento nacionalista clandestino – o Partido de Luta Unida dos Africanos de Angola (PLUA) – que lançou um manifesto convocando os africanos a organizar um movimento de emancipação. Surgiam, dessa forma, os primeiros movimentos de libertação.

A PRIMEIRA GUERRA DE LIBERTAÇÃO[1]

A mobilização da população em torno do problema da discriminação e da repressão colonial já havia se iniciado na década de 1920 com a criação de centros culturais como a Liga Nacional Africana e o Grêmio Africano;[2] nesses centros nasceram, após a Segunda Guerra Mundial, publicações como as revistas *Mensagem* e *Cultura* (Correia, 1991). Para Amílcar Cabral, muitos movimentos de independência nas colônias africanas tiveram suas origens em movimentos culturais, o que evidenciou a importância do elemento cultural nas lutas de libertação, não só como forma de mobilização, mas também como uma arma própria dessas populações. Na década de 1950 foi criado, em Lisboa, o Centro de Estudos Africanos, no qual se reuniram os que viriam a ser os principais líderes dos movimentos de libertação nas colônias portuguesas – entre eles, Agostinho Neto. O Centro foi fechado pelo governo fascista português, mas os jovens mantiveram suas atividades na Casa dos Estudantes do Império, fechada em 1964.

Para se compreender melhor o desenvolvimento da luta pela independência em Angola, é necessário identificar os movimentos de libertação nele envolvidos. O MPLA, organizado em

---

[1] Com a colaboração de Nathaly Silva Xavier, doutoranda em Ciência Política da UFRGS.

[2] Mais tarde passa a se chamar Anangola.

1956, foi fruto da união do PLUA e do MIA.[3] O MPLA, liderado por Agostinho Neto, assumiu a orientação marxista, e era fortemente urbano. Entre seus membros[4] havia tanto mestiços quanto assimilados e brancos, bem como a população Ovimbundu[5] de Luanda. Dentre os movimentos surgidos em Angola, o MPLA era o mais bem organizado e estruturado, contando, inclusive, com uma escola de formação para seus membros, com contatos internacionais importantes – especialmente com a União Soviética. Mais tarde, o MPLA, juntamente com o PAIGC, formou a FRAIN, que depois acabou por originar a Conferência das Organizações Nacionalistas das Colônias Portuguesas.[6]

O segundo maior movimento de libertação angolano é a FNLA, criada em 1962, fruto da junção da UPA – cujo líder, Holden Roberto, passou a ser o principal nome da FNLA, com o PDA. Ao contrário do MPLA, a FNLA utilizava a bandeira racial, declarando-se contra brancos e portugueses, e também, anticomunistas. A Frente era sustentada, principalmente, pela população Bakongo[7] do norte de Angola, majoritariamente rural (Taylor, 2006). A FNLA não defendia uma ideologia explícita e estruturada e era fortemente centrada na figura do seu líder. Também contrastando com o MPLA, a FNLA, com suas bases no vizinho Zaire, tinha recursos limitados e seus membros tinham pouco ou nenhum treinamento militar. Logo após a formação da FNLA, Roberto criou o GRAE, que foi reconhecido pela Organização da Unidade Africana, que tinha Jonas Savimbi como ministro dos negócios estrangeiros.

---

[3] Correia (1991) ressalta que a questão das origens do MPLA é bastante controversa, até mesmo entre os seus membros. Essa seria a versão mais aceita, e o que se pode afirmar com certeza é que entre os fundadores do MPLA estavam antigos dirigentes do PLUA.
[4] Segundo Correia (1991), dos três movimentos angolanos, a MPLA era o que contava com o apoio de etnias mais variadas.
[5] Ovimbundo é um grupo étnico da região centro-norte de Angola.
[6] Aderem à Conferência também a Frelimo e o CLSTP.
[7] Bakongo é um grupo étnico de Angola.

O terceiro movimento é a Unita, criada em 1964[8] por Jonas Savimbi, que havia abandonado a FNLA e o GRAE. Os principais membros da Unita eram das etnias do sul – Ngangela, Chokwe e Ovimbundu. A Unita, com sua base na Zâmbia, visava o apoio popular e a mobilização das massas, mas era militarmente muito fraca. Embora se declarasse maoísta, a Unita variava sua posição ideológica de acordo com o apoio externo a ser recebido (Leogrande, 1980).

Por ser o movimento mais antigo, o MPLA também foi o primeiro a iniciar as ações revolucionárias de luta pela independência de Angola. Já em 1959, segundo Serrano (1995), as forças portuguesas iniciaram a repressão aos manifestantes do MPLA em Luanda, com a prisão e envio de membros do movimento para Cabo Verde. Essas ações do governo português, contraditoriamente, representaram a primeira vitória política do movimento, já que lhe deram oportunidade de reconhecimento e publicidade. A partir de então, as ações do MPLA tornaram-se mais sistemáticas e coordenadas, com objetivos estabelecidos e direcionados a locais estratégicos, como a Cadeia Civil em Luanda, configurando verdadeiramente ações de uma guerrilha urbana.

A prisão de Agostinho Neto, um respeitado apoiador do MPLA, em junho de 1960, fomentou uma das primeiras manifestações angolanas em desafio ao sistema colonial português. O movimento teve continuação com a insurreição de Luanda em fevereiro de 1961, que consistiu em ataques de populações das favelas – muitas delas ligadas ao MPLA – às principais prisões da capital, numa tentativa de libertar presos políticos. Essas ações não foram bem-sucedidas e sofreram terríveis retaliações dos portugueses, e os apoiadores do MPLA que sobreviveram a esses eventos saíram de Luanda e refugiaram-se nas florestas de Dembos, de onde continuaram a realizar atividades militares

---

[8] Embora fundada em 1964, a Unita só iniciou a luta armada em 1966 (Correia, 1991).

contra os portugueses. Seguindo o incidente de Luanda, o MPLA aumentou seu contato com a URSS e conseguiu obter seu apoio para a luta de libertação.

Para tentar conter a tensão, os portugueses reforçaram a segurança em áreas estratégicas do país e introduziram uma série de reformas, entre elas a abolição do trabalho forçado, visando amenizar a situação e convencer a opinião pública externa de que mudanças estavam sendo realizadas. Estabeleceram também um sistema de *aldeamentos,* pelo qual os camponeses eram obrigados a mudar-se de seus povoados para locais controlados militarmente pelos portugueses, de forma a combater as atividades guerrilheiras em áreas rurais. Tais ações, entretanto, não impediram o MPLA e a UPA de continuarem a luta, muito embora fosse crescente a oposição entre os dois movimentos. Ainda em 1961, a UPA (que deu origem à FNLA) desenvolveu ações no noroeste do país, junto à fronteira com o Zaire, caracterizadas por violência gratuita e indiscriminada, atingindo qualquer pessoa que estivesse nas fazendas ou povoados atacados.

Em 1962, a Guerra Popular de Libertação do Povo Angolano, que já havia iniciado no ano anterior com a criação da 1ª Região Político-Militar do MPLA, ao norte de Luanda, estendeu-se a Cabinda, onde foi criada a 2ª Região Político Militar. Em 1966, a Unita iniciou sua participação na luta pela independência com a abertura de uma frente na região leste do país, no momento em que o MPLA também abriu sua frente na mesma região, a 3ª Região Político-Militar. Nos anos seguintes, o MPLA seguiu ampliando suas lutas e abrindo novas frentes: as 4ª e 5ª Regiões Político-Militares, nos anos de 1968 e 1969, nas regiões de Luanda e de Bié (centro do país), respectivamente.

O MPLA passou por uma forte reestruturação em 1962, com a ascensão de Agostinho Neto à liderança do movimento. Este fato levou a uma série de rupturas e divisões entre suas principais lideranças, que acabaram enfraquecendo o movimento e destruindo a sua credibilidade no cenário internacional.

O MPLA sofreu ainda outro golpe em setembro de 1963, quando Neto foi preso no Congo (Leopoldville).

Geograficamente, a distribuição dos três movimentos no final da década de 1960 deu-se da seguinte forma: o MPLA concentrava-se no Noroeste do país, na região entre Luanda e Malange e no Leste, na fronteira com a Zâmbia, além do Norte da região de Cabinda; a FNLA ocupava a região Nordeste do país, fronteira com o Zaire, e uma pequena área no Leste, na região de Luanda, também na fronteira com o Zaire; a Unita encontrava-se na região Centro-leste do país, entre as forças do MPLA e do FNLA a Leste, e as forças portuguesas a Oeste. Com essa distribuição, a Unita viu-se cercada e as forças portuguesas conseguiram um acordo com Savimbi em 1971, o que ficou conhecido como *Operação Madeira*. O acordo consistia em que os portugueses permitissem à Unita permanecer numa zona estabelecida,[9] enquanto à Unita cabia fornecer informações aos portugueses sobre as movimentações dos outros grupos de libertação, bem como combatê-los. Foi através desse acordo, que as bases do MPLA e da FNLA foram eliminadas da zona militar leste.

A UPA de Holden Roberto, por outro lado, não foi tão abalada por crises. Em março de 1962, a União fundiu-se com outros grupos menores, como mencionado anteriormente, transformando-se na FNLA, mas manteve a mesma estrutura de liderança centrada em Roberto. Nesse momento, a FNLA parecia mais unificada e tinha mais poder de fogo do que o MPLA, além de possuir acesso a Angola através da fronteira norte com o Congo (Leopoldville).

Apenas em janeiro de 1964 (ano em que Neto foi libertado e fora realizada uma conferência partidária) foi que o movimento começou a se reerguer. Após a conferência, houve tentativas

---

[9] Em 1973, a Unita executou ações fora da área determinada, levando a uma série de operações pelo governo português, que ficaram conhecidas como "Castor" (Correia, 1991).

bem-sucedidas para o estabelecimento de uma base do MPLA no enclave de Cabinda, ao mesmo tempo em que a ajuda militar começou a chegar da URSS, impulsionando novamente o movimento e salvando-o da fragmentação. A partir daí, a imagem do MPLA no continente africano (que havia sido desgastada) voltou a melhorar. Todavia, o apoio extracontinental e o reconhecimento do movimento foram ampliados significativamente quando começou a chegar a assistência de Cuba, em 1964.

No mesmo ano, o MPLA também conseguiu ajuda da OUA, conquistou o apoio da Zâmbia – o que permitiu a abertura de uma nova frente militar no leste de Angola em 1965 –, e da Tanzânia, cujos portos receberam as armas enviadas da China e da URSS. O MPLA também cooperou intimamente com o movimento de libertação moçambicano (Frelimo), e com o movimento da Guiné-Bissau (PAIGC) através da CONCP. No período entre 1966 a 1970, portanto,

> as melhoradas organizações políticas e militares do MPLA, o melhor abastecimento de armas, e o maior apoio dos países africanos permitiram ao movimento aumentar sua eficácia e ultrapassar a FNLA como a ameaça mais séria ao domínio colonial de Portugal (Somerville, 1986, p.33).

Apesar do crescimento do MPLA no final da década de 1960 e início da década de 1970, a questão referente ao comando das frentes militares no território angolano levou a outra divisão interna no movimento, deixando-o ineficiente por algum tempo. O conflito se deu entre o presidente do MPLA, Agostinho Neto, e o líder da frente leste, Daniel Chipenda. Além da discordância de Chipenda com o estilo de liderança de Neto, o líder da frente leste mostrou sua insatisfação com a organização e o fornecimento das tropas, que era determinada pelas lideranças políticas do movimento. A disputa entre Neto e Chipenda foi tão séria que a URSS chegou a suspender a ajuda ao MPLA por algum tempo, devido a dúvidas sobre o futuro do movimento. Tal questão foi resolvida apenas em dezembro de 1974, quando Chipenda foi expulso do MPLA.

A INDEPENDÊNCIA, AS INTERVENÇÕES EXTERNAS
E A SEGUNDA GUERRA DE LIBERTAÇÃO
A REVOLUÇÃO DOS CRAVOS E SEU IMPACTO EM ANGOLA

A estagnação econômica, a solidariedade internacional à luta pela independência e o desgaste militar português na África levaram ao êxito da resistência angolana. Porém, antes dos conflitos internos do MPLA se resolverem, um evento bem mais importante estava ocorrendo: a Revolução Portuguesa de abril de 1974. Este fato não apenas provocou uma mudança completa no regime político de Portugal, mas também ofereceu aos movimentos de libertação das colônias a oportunidade para reivindicar a independência e acabar com as guerras contra Portugal. Em julho de 1974, o General Spínola anunciou que o novo regime português concederia a independência às colônias africanas. A situação, até então, era favorável aos portugueses, já que os três movimentos angolanos continuavam rivalizando entre si. Além disso, o MPLA encontrava-se fragilizado militarmente, não só por ser alvo da ofensiva dos outros movimentos, mas também devido às suas cisões internas.

A Revolução dos Cravos, em 1974, reconheceu de imediato o direito à independência, convidando o MPLA, FNLA e Unita para formar – juntamente com Portugal – um governo de transição. Essa nova administração foi criada em 1975, através dos Acordos de Alvor, os quais estabeleciam que um governo provisório de coalizão – composto pelos três partidos – seria formado até a proclamação oficial da independência, que ocorreria em 11 de novembro de 1975. O governo provisório – composto por representantes dos três partidos no Conselho Presidencial – assumiu o poder no fim de janeiro; tal governo, porém, logo se desintegrou, à medida que aumentavam as animosidades entre os movimentos. O exército português se retirou para os quartéis, pois, de certa forma, simpatizava com o MPLA, enquanto Spínola apoiava os colonos na formação de algum movimento conservador que pudesse conquistar o poder. Mas os Acordos não foram aplicados devido às irreconciliáveis diferenças políticas e ideológicas entre os três grupos.

A FNLA tinha suporte dos Estados Unidos e do Zaire, enquanto a Unita era apoiada pela África do Sul e por colonos portugueses; já o MPLA foi auxiliado pelos países socialistas, particularmente por Cuba e União Soviética. O problema agora consistia em determinar como seria formado o governo independente de Angola, tendo em vista a forte oposição que existiu durante toda a guerra de libertação entre os três movimentos. No período compreendido entre 1974 e 1975 houve uma extensa manobra política entre as partes visando ganhar poder. Um mês após a Revolução Portuguesa, a FNLA havia recebido da China 450 toneladas de armas, além de instrutores militares (os chineses haviam deixado de apoiar o MPLA depois da ruptura com a URSS) e outros tipos de ajuda militar do Zaire e dos Estados Unidos. Ao mesmo tempo, o MPLA voltava a receber armas e outras modalidades de assistência militar da URSS, de Cuba e de países do Leste Europeu.

As atividades políticas da FNLA e da Unita, depois de abril de 1974, focaram-se em tentar excluir o MPLA de qualquer acordo de independência com os portugueses. Contudo, graças a pressões da OUA e de líderes de vários países africanos, os três movimentos de libertação foram convocados para conversações, inviabilizando as pretensões de ambos os movimentos, mas não evitando o conflito.

A luta irrompeu primeiramente em Luanda, em fevereiro de 1975, entre o MPLA e os seguidores de Daniel Chipenda. Logo em seguida, as forças da FNLA invadiram o norte do país, com o apoio do exército do Zaire, tendo como objetivo chegar até Luanda e, assim, privar o MPLA de sua principal base de apoio antes da formalização da independência. Em abril, a África do Sul começou a se envolver diretamente no conflito, com suas tropas cruzando a fronteira da Namíbia e entrando em choque com o MPLA, embora as principais ofensivas sul-africanas só tenham se iniciado em outubro e, para completar, em maio a Unita atacou o sul de Angola; portanto, já no início de junho, a luta estava disseminada tanto no norte quanto no sul do país. Em meados de julho, as forças do MPLA haviam conseguido expulsar a FNLA e a Unita de Luanda. A guerra, contudo, continuava e aumentava sua intensidade.

Em setembro, a FNLA capturou Caxito e continuou avançando em direção a Luanda. Em 23 de outubro, a África do Sul, em conjunto com a Unita, lançou uma grande ofensiva contra o MPLA, que só foi barrada nas proximidades de Luanda, graças à contraofensiva cubana. Em novembro, um grande desembarque de tropas cubanas (cerca de 10 mil soldados) e o massivo desembarque de armas soviéticas mudaram os rumos da guerra. Em janeiro de 1976, os sul-africanos haviam se retirado de Angola, cruzando a fronteira para a Namíbia, e a ofensiva da FNLA acabou tendo consequências desastrosas para o próprio movimento, que foi esmagado pelo MPLA.

Independência, guerra civil e intervenções estrangeiras

Em novembro de 1975, Angola finalmente alcançara sua independência, mas os conflitos, no entanto, não cessaram. Ao mesmo tempo em que o MPLA proclamava em Luanda (com a retirada das autoridades e das últimas tropas portuguesas) a *República Popular de Angola*, a FNLA e a Unita proclamavam, em Huambo, a *República Democrática de Angola*, constituindo, assim, dois governos paralelos. Portugal não reconheceu a legitimidade de nenhum dos dois, mas os demais países reconheceram gradativamente o governo do MPLA.[10] Apenas em fevereiro de 1976, após diversas deliberações e divisões internas dentro do governo português, Portugal reconheceu a legitimidade do Governo da República Popular de Angola.

A independência de Angola foi a de maior impacto internacional da África portuguesa, por tratar-se de um país

---

[10] O Governo Unita/FNLA não chegou a receber o reconhecimento internacional de nenhum país (CORREIA, 1991).

com maiores potencialidades econômicas (petróleo, ferro, diamantes, minerais estratégicos e produtos agrícolas) e com expressiva minoria branca. Os colonos retiraram-se em massa em direção a Portugal, ao Brasil e à África do Sul, levando todos os bens móveis e privando o país de técnicos, além de sabotar quase todo maquinário existente. Sem quadros formados e divididos internamente, os angolanos viviam uma situação econômica desesperadora, com a produção e a administração literalmente paralisadas.

A FNLA, apoiada por mercenários brancos e tropas do Zaire avançaram do norte para atacar a capital Luanda, onde o MPLA era dominante. Kissinger, impossibilitado de intervir pelo Congresso, entregou fundos secretos da CIA ao movimento de Holden Roberto, que também recebia apoio chinês. A invasão foi derrotada pelo MPLA, com apoio dos cubanos. A FNLA foi desintegrada, bem como as pretensões do Zaire de ter seus aliados no poder em Angola, ou ao menos anexar o norte do país e o enclave de Cabinda (que possuía um pequeno movimento separatista, a FLEC), região rica em petróleo. A atitude de Kissinger, por sua vez, revelava seu desconhecimento da realidade regional, e um enfoque caracterizado pela visão globalista de confrontação Leste-Oeste. Sua precipitação e erro de cálculo tiveram como consequência o desencadeamento de uma longa e violenta guerra na África Austral, ampliando, involuntariamente, a presença soviético-cubana na região. Nesse quadro de desequilíbrio estratégico criado com a formação do Eixo Washington-Beijing (Pequim), acabou-se provocando uma firme reação soviética, em resposta à intervenção sino-americana naquilo que não passava de um problema regional, e que poderia ter sido solucionado pelos africanos.

Enquanto a FNLA era derrotada no norte, no sul a Unita e o exército sul-africano desencadearam uma ofensiva relâmpago contra o MPLA, que solicitou ajuda cubana. Ampliou-se, então, a ponte aérea entre Havana e Luanda, com o envio de armas e aproximadamente 20 mil soldados. No centro do país as tropas cubanas (a maioria descendente de ex-escravos) e do MPLA derrotaram o exército sul-africano, um dos melhores do mundo. O movimento liderado por Agostinho Neto governaria sozinho o país, declarado uma República Popular de inspiração marxista-leninista. Contudo, enfrentava a guerrilha étnica da Unita no sul, liderada por Jonas Savimbi, com apoio de Pretória e Washington. A África do Sul ocupou uma faixa do sul de Angola para defender seus aliados, desestabilizar o governo do MPLA e impedir a infiltração dos guerrilheiros da SWAPO, apoiados por Luanda, na Namíbia. Os cubanos permaneciam um pouco ao norte dos sul-africanos, para impedir seu avanço e defender o centro do país das constantes ofensivas da Unita e da África do Sul.

Os sul-africanos também sabotavam a infraestrutura angolana através da ação de comando, inclusive nos oleodutos de Cabinda, no extremo norte do país. As forças das FAPLA (exército angolano) e cubanas tiveram de travar uma guerra convencional e de contrainsurgência nos amplos e despovoados territórios do centro-sul de Angola. Inclusive batalhas aéreas e de blindados foram travadas, com um desempenho cubano-angolano cada vez melhor, mas com um elevado custo humano e econômico para a nação recém-independente.

As forças cubanas (200 mil teriam lutado em Angola), além de cooperantes civis nas áreas social e econômica, eram, em sua maioria, voluntárias. No entanto, assessores soviéticos e do Leste Europeu, além de ajuda econômica, fizeram Angola cada vez mais dependente dos países socialistas, embora vendesse seu petróleo (explorado no litoral) e diamantes ao Ocidente. Aliás, o controle dos campos de diamantes, localizados no interior, era duramente disputado com a Unita, que se financiava, parcialmente, com essa riqueza. Em 1979, Agostinho Neto faleceu, vitima de câncer, e foi sucedido por José Eduardo dos Santos, engenheiro petrolífero formado na URSS, e que ainda se encontra no poder.

A situação dos novos Estados era difícil, pois, como vimos anteriormente, a maioria dos colonos retirara-se do país, privando-o de capitais, técnicos e administradores, enquanto tinham de enfrentar o caos interno e as invasões externas. Contudo, o regime militar brasileiro, liderado pelo General Geisel, reconheceu imediatamente o MPLA e procurou cooperar com os novos países (particularmente com Angola), como forma de ampliar sua influência diplomático-econômica na África e equilibrar politicamente a presença cubana no Atlântico sul. O Zaire, por sua vez, continuava abrigando os guerrilheiros da Unita em suas investidas contra Angola; os angolanos e cubanos, em resposta a isso, apoiaram, então, os antigos rebeldes catanguenses, exilados em Angola, a invadir novamente a região de Shaba (a nova denominação de Katanga) em duas oportunidades, 1977 e 1978 – invasões que só foram bem-sucedidas graças ao apoio de tropas marroquinas, egípcias e de paraquedistas franceses e belgas. Mobutu, então, negociou a normalização com Agostinho Neto, ambos abstendo-se a apoiar forças de oposição de uma e de outra parte.

Em 1980, o MPLA indicava que estava a ponto de derrotar definitivamente a Unita; entretanto, em 1980 e 1981 os sul-africanos iniciaram uma série de assaltos transfronteiriços na Namíbia e aumentaram o apoio militar à Unita. Em agosto de 1981, a África do Sul lançou uma grande invasão ao sul de Angola (5 mil soldados, tanques e aviões), chamada de *Operação Protea*, ocupando a província de Cunene. Isso permitiu à Unita disseminar ainda mais a sua campanha de guerrilhas em outras áreas mais ao norte do país, especialmente nas províncias de Malanje e Cuanza Sul. A reação militar angolano-cubana frustrou a tentativa de ataques subsequentes, o desgaste militar, as pressões internacionais e o crescimento da mobilização nacional contra o regime do *apartheid* obrigaram o governo sul-africano a iniciar um diálogo com o governo angolano.

A África do Sul sempre alegou que seus assaltos não visavam as tropas ou as instalações angolanas, mas sim as concentrações guerrilheiras marxistas namíbias da SWAPO, as quais tinham a permissão do MPLA de usar seu território. Tais alegações foram desmentidas em meados dos anos 1980, tendo em vista o tamanho e a localização geográfica dos ataques; além disso, a província de Cunene foi mantida sob a ocupação sul-africana até meados de 1985, e mesmo depois disso continuou sofrendo ataques daquele país.

A Unita queria negociar sua participação no governo do MPLA, além de exigir a retirada das tropas cubanas e soviéticas de Angola. Savimbi utilizava um discurso tribalista para obter apoio do povo Ovimbundu e, apesar de se dizer contrário ao socialismo e aos soviéticos, não parecia seguir uma linha ideológica definida. Em fevereiro de 1984, ocorreram conversações entre Angola e África do Sul mediadas pelos Estados Unidos. O resultado foi o Acordo de Lusaka, que estabeleceu que a África do Sul retirar-se-ia de Angola desde que o MPLA proibisse e evitasse a utilização do território angolano como base para a SWAPO; no entanto, a África do Sul recusava-se a negociar suas relações com a Unita. Angola cumpriu sua parte do acordo, mas a África do Sul não fez o mesmo e prosseguiu com os ataques até 1986.

A Unita também continuou atuando até essa data, cada vez mais dependente da ajuda sul-africana – Savimbi possuía sólidos *lobbies* de apoio em Washington, Pretória e em várias capitais europeias. Os Estados Unidos, preocupados também em expulsar os cubanos da região, ampliaram seu apoio ao regime racista sul-africano (inclusive levantando sanções econômicas) e rodesiano (liberando a compra de cromo), bem como aos movimentos de oposição aos novos regimes socializantes. Paralelamente, a URSS enfraquecida pela pressão e confrontação norte-americana, tinha cada vez mais dificuldade em apoiar seus aliados.

Regime socialista: política, economia e sociedade
A situação interna

O governo formado pelo MPLA após a independência, liderado por Agostinho Neto, controlava apenas o litoral e parte do território, sendo financiado pela exportação do petróleo. O MPLA declarava que pretendia reconstruir Angola através da aliança entre operariado e campesinato, e manter uma política externa não alinhada. A tarefa do novo governo, entretanto, era bastante complexa, tendo em vista que o país havia passado por uma guerra de libertação e a guerra civil prosseguia. A economia angolana estava em ruínas, havia grande escassez de mão de obra qualificada, resultante do êxodo português e das políticas coloniais, que negaram educação à grande maioria dos africanos. Várias pontes, estradas, e veículos de transporte haviam sido destruídos, o que significava a impossibilidade de enviar suprimentos e alimentos para algumas áreas do país. Aos problemas econômicos somavam-se ainda a continuação das guerrilhas nas áreas de Cabinda (FLEC), na província de Zaire (FNLA) e em Moxico, bem como em outras partes dos distritos do sul e do centro do país (Unita), que se financiavam com a exploração de diamantes.

Segundo Somerville,

> em meio a todos esses problemas, o MPLA queria iniciar seu programa de transformação socialista. Ele tinha planos para a nacionalização de indústrias vitais, para o controle estatal do comércio externo e para um maior controle sobre as empresas estrangeiras operando em Angola. Porém, antes que tais programas pudessem ser implementados, a prioridade tinha de ser a reconstrução econômica (1986, p.47).

Visando a reconstrução, além de buscar a ajuda soviética e cubana, o governo também introduziu uma série de medidas de austeridade econômica, ao mesmo tempo em que tentava fomentar o aumento da produtividade.

Em fevereiro de 1976 tem início uma série de protestos de grupos ultraesquerdistas contra as medidas austeras do governo e contra a formação de uma burocracia de servidores públicos. Os protestos foram reprimidos pela polícia secreta de Angola, a DISA, e por Nito Alves; contudo, após conter os protestos, Alves acabou assimilando suas críticas e, questionando a existência de um grande número de mestiços dentro do MPLA e do governo, passou a fazer oposição.

Em maio de 1977, a situação em Angola estava marcada pela escassez de alimentos, pelo colapso do sistema de distribuição e pelo crescente ressentimento entre os negros pobres que viviam nas favelas de Luanda quanto ao papel desempenhado pelos mestiços no âmbito do governo. Nesse contexto, Alves e seus seguidores realizaram uma tentativa de golpe, com o apoio de alguns segmentos das forças armadas, que ameaçou seriamente o governo de Neto.

Alves havia sido removido do cargo de ministro do interior, e em 20 de maio, ele fora retirado também do Comitê Central do MPLA e preso. A tentativa de golpe se deu no dia 27 de maio, quando membros dissidentes do MPLA tentaram libertar Alves da cadeia. Além de invadir a prisão em que ele se encontrava, os rebeldes também capturaram a principal estação de rádio de Luanda e prenderam uma série de lideranças proeminentes do MPLA, que em seguida foram assassinadas. Embora o golpe tenha sido rapidamente sufocado, suas consequências mais profundas refletiram-se na desestabilização do MPLA, que teve de ser reestruturado.

Em dezembro de 1977 realizou-se o Primeiro Congresso do MPLA, no âmbito do qual o partido reafirmou sua intenção de seguir a via socialista, além de reconhecer a necessidade de promover uma reestruturação interna, visando garantir a sua coesão e evitar golpes. Nesse sentido, foi criada uma Comissão de Controle para implementar uma campanha de retificação geral, que vigorou principalmente de 1978 a 1980, e cujo objetivo era expurgar membros arrivistas do partido. Também como parte do projeto de reestruturação, o presidente Neto anunciou, em dezembro de 1978, a abolição do posto de primeiro-ministro, concentrando ainda mais os poderes nas mãos do presidente.

Em setembro de 1979, quando Neto morreu, o MPLA – graças a uma campanha de retificação – já havia recuperado sua coesão e estabilidade a tal ponto que a transição de poder ocorreu de modo tranquilo. Na ocasião, uma reunião do Comitê Central do MPLA nomeou Eduardo dos Santos, que era até então ministro do planejamento, como presidente do partido e do país.

Concomitantemente à reestruturação do MPLA, em 1978-79, as ações guerrilheiras da Unita continuavam a entravar o processo de reconstrução do país. Com amplo apoio logístico sul-africano, o movimento de Savimbi lançava constantes ataques a instalações governamentais e a unidades da FAPLA, além de sabotar frequentemente a linha ferroviária de Benguela.

> Embora no fim de 1979 a FAPLA e as ofensivas cubanas já tivessem reduzido grandemente a atividade e a efetividade da Unita, o movimento foi capaz de agarrar-se aos últimos vestígios de apoio do povo Ovimbundu e sobreviver até os anos 1980, quando maior apoio sul-africano e sucessivas invasões das tropas governamentais de Pretória permitiram à Unita incrementar suas operações militares e disseminá-las às províncias do norte (Somerville, 1986, p.57).

Segundo David Birmingham

> as guerras de libertação de Angola encerraram-se com a morte de Agostinho Neto. Entretanto, um novo conflito já estava começando, o qual seria, outra vez, tanto uma guerra civil como um conflito internacional. [...] As causas das novas guerras dos anos 1980 eram várias. O papel da União Soviética, seus últimos dez anos de existência é um fator a ser levado em consideração e pode ser significativo que o segundo presidente angolano, José Eduardo dos Santos, seja um engenheiro da indústria do petróleo treinado na Rússia (Chabal, 2002, p.114).

A esses fatores poderíamos acrescentar a virada da situação internacional com a intervenção soviética no Afeganistão, e a chegada de Reagan ao poder nos Estados Unidos, bem como a situação regional, com a formação de um governo marxista na Rodésia/Zimbábue, acabando com o regime racista pró-África do Sul.

Já as atividades da FNLA no norte do país praticamente se encerraram em 1979, como resultado do acordo firmado entre o presidente Neto e o presidente Mobutu, em meados de 1978. Tal acordo estabelecia os termos de uma reaproximação entre Angola e Zaire, acabando com o apoio do país vizinho ao movimento de oposição.

A ESTRUTURA SOCIAL

Por ocasião da independência, o governo do MPLA herdou uma sociedade em situação de fragmentação e atraso, que eram, em grande parte, fruto do colonialismo e da guerra. A sociedade estava dividida entre brancos privilegiados, brancos pobres (imigrantes camponeses), mestiços, *assimilados* – minoria de africanos mais proeminentes, que eram educados e trabalhavam dentro do sistema administrativo de Angola –, e *indígenas* – isto é, a maioria dos africanos. Tais divisões estavam fundadas no sistema português de reforçar as barreiras de educação e de classe, evitando que a maioria dos africanos tivesse qualquer oportunidade de progredir econômica e socialmente. A tensão social era ainda maior entre *assimilados* e *indígenas*, especialmente alavancada pelo sistema de trabalho forçado, o qual só acabou com as insurreições de 1961.

Além disso, entre a população africana havia ainda divisões étnicas, que foram fomentadas, principalmente, a partir das reformas administrativas coloniais de Norton de Matos, que destruíram os sistemas tradicionais de autoridade, estabelecendo povoamentos controlados, aos quais nos referimos anteriormente. As três principais etnias que entravam em disputa eram os Ovimbundu (no Sul), os Mbundu (ao redor de Luanda) e os Bakongo (no Norte), que juntos representavam cerca de dois terços da população angolana. Tal padrão étnico teria efeito profundo na formação dos movimentos de libertação: segundo Patrick Chabal,

> a FNLA e o MPLA representavam grupos distintos: respectivamente, as elites "africanas" Bakongo no norte, e a comunidade criola de Luanda e seus apoiadores regionais Kimbundu (Chabal, 2002, p.114).

Basicamente, o MPLA era composto pelos assimilados mulatos e pelo povo Kimbundu, o FNLA baseava-se na etnia Bakongo, e a Unita, de Jonas Savimbi, formou-se nas terras dos Ovimbundu. Nota-se, porém, que apenas o MPLA buscou transpor as barreiras étnicas, tentando apelar para a nação como um todo.

Por fim, a outra principal divisão social herdada pelo novo Estado angolano dizia respeito à dicotomia urbano/rural. A maioria da população de Angola vivia nas áreas rurais, onde os padrões de vida e de educação eram extremamente baixos. Tal situação contrastava com a dos africanos que trabalhavam em setores urbanos (construção, transportes, pesca, e indústria) nos quais o padrão de vida era um pouco mais elevado.

O núcleo das políticas socialistas do MPLA consistia no papel de liderança da aliança entre a classe trabalhadora e a classe camponesa; no entanto, ainda que o partido pregasse a importância da participação camponesa para a reconstrução do país, bem como a necessidade de melhoria do padrão de vida no campo, a sua base política era, em grande parte, constituída pelos setores urbanos, especialmente pela classe trabalhadora e pelos moradores de favelas. Dessa forma, temia-se que o MPLA priorizasse os interesses do pequeno proletariado urbano, em detrimento do campesinato.

Para negar essa possibilidade e tentar combater o crescimento da burguesia rural – o que poderia se tornar um sério obstáculo às políticas agrárias socialistas propostas pelo partido –, o MPLA estabeleceu fazendas estatais, nas terras que haviam sido abandonadas pelos portugueses, e encorajou a criação de cooperativas e associação de produtores. Apesar do breve sucesso que obtiveram nos primeiros dois anos após a independência, sob o controle do partido, as cooperativas agrícolas regrediram e tornaram-se um fracasso quando passaram ao controle estatal. Os camponeses voltaram a ser explorados por intermediários (pequenos transportadores e comerciantes) e fazendeiros, encorajando o crescimento da burguesia rural. Temendo que o fracasso de seus principais projetos agrícolas colocassem em perigo a influência exercida pelo MPLA sobre o campesinato, o presidente dos Santos, em 1985, destacou a necessidade de aumentar os esforços de recrutamento nas áreas rurais.

Além disto, o MPLA também se opunha a burguesia urbana. Como relata Somerville, o partido

> estava determinado a evitar a ascensão do elemento burguês na sociedade e a reduzir a sua influência em posições de importância no âmbito das estruturas governamentais e mesmo dentro do MPLA (1986, p.75).

Nesse sentido, além de opor-se ao oportunismo burguês no âmbito estatal, o governo estabeleceu medidas que especificavam que os altos salários deveriam ser reduzidos, ao passo que o reajuste deveria ser propiciado aos salários baixos que fossem considerados injustos, de acordo com o trabalho feito. Tal medida significava que, apesar de o partido opor-se aos privilégios para aqueles em altos cargos, via a necessidade, num contexto de reconstrução nacional, de recompensar a qualidade e a quantidade do trabalho.

> Ao assumir o poder, o MPLA deixou claro que a sua meta primária era forjar união nacional, opondo-se a todas as manifestações de tribalismo, regionalismo e racismo, além de combater a tendência da pequena classe burguesa africana de desprezar o campesinato (Somerville, 1986, p.74).

Nesse sentido, os líderes do MPLA reconheciam que a guerrilha, ainda em andamento contra a FNLA e a Unita, consistia em um sério desafio à sua intenção de transpor as lealdades tribais e regionais em prol da sonhada união nacional. Também era prioridade do governo a criação de um programa de alfabetização nacional para sanar o hiato educacional que remontava à colonização.

Economia

Por ocasião da independência, o MPLA herdou uma economia que possuía um enorme potencial de longo prazo, mas muitos problemas de curto prazo. O potencial econômico de Angola era composto por grandes reservas de petróleo, depósitos de diamantes e minério de ferro comercialmente viáveis, significativo potencial hidrelétrico, uma próspera indústria de café, um setor manufatureiro – razoavelmente grande – orientado para o consumo interno, um setor de produção alimentício estável, e um sistema rodoviário e ferroviário mais ou menos adequado. O problema, entretanto, era reconstruir a economia de um país que havia sido afligida pelo colonialismo, pela guerra e pela perda de técnicos e capitais.

De fato, com o êxodo português, em 1975, a economia angolana ficou devastada. A maioria dos imigrantes portugueses, administradores econômicos e governamentais, ao deixarem o país, levaram consigo capital, veículos de transporte, boa parte da frota pesqueira e – o que era ainda mais importante – a experiência gerencial e a maioria dos trabalhadores qualificados e técnicos que administravam a máquina estatal de forma monopolista. Ainda que o novo governo dispusesse dos meios materiais para reerguer a economia angolana, ele tinha sérias dificuldades para encontrar pessoal qualificado para geri-la.

Apesar do discurso acentuadamente socialista – que prometia, entre outras coisas, a nacionalização da terra, a planificação da economia, e o controle estatal sobre o comércio externo – o MPLA reconheceu, ao assumir o governo, que era necessário reconstruir a economia do país a certo nível antes de promover qualquer mudança radical na natureza do sistema, adotando uma postura pragmática. No governo do presidente Agostinho Neto, por exemplo, alguns latifúndios de café abandonados pelos portugueses foram estatizados, mas quando se tornou óbvio que tais fazendas eram ineficientes, as plantações foram dadas aos trabalhadores agrícolas Ovimbundu.

Segundo Somerville,

> o programa econômico geral do MPLA foi estabelecido na Resolução sobre Política Econômica aprovada pela sessão plenária do Comitê Central, em outubro de 1976. A Resolução deixou claro que uma economia planificada socialista

"com a agricultura como base, e a indústria como seu fator decisivo" era mais um objetivo estratégico do que imediato (1986, p.133).

Uma de suas principais metas consistia em alcançar os mesmo níveis de produção do ano de 1973 no menor período de tempo possível.

Grandes mudanças ocorreram, porém, no setor financeiro de Angola. Quando da independência, o governo do MPLA se encontrava numa situação delicada, tendo em vista que a moeda utilizada era ainda a mesma de Portugal, o escudo, e que os principais bancos do país pertenciam a Portugal ou a outros países europeus. Mesmo o banco nacional, o Banco de Angola, era controlado pelo Banco de Portugal. A situação começou a ser revertida pouco depois da Resolução de 1976, quando o governo nacionalizou o Banco de Angola e confiscou o principal banco comercial – o Banco Comercial de Angola, que foi renomeado Banco Popular de Angola. Essas ações conferiram controle ao governo sobre 85% das operações bancárias do país. As reformas financeiras avançaram quando, em fevereiro de 1978, todos os bancos operantes em Angola foram estatizados e, por fim, em novembro de 1976, o escudo foi substituído pelo *Kwanza* como moeda oficial de Angola.

Ainda, de acordo com Somerville,

> em meados de 1977, mais de 85% dos empreendimentos (agrícolas, industriais, mineradores e comerciais) que haviam sido abandonados por seus antigos donos portugueses haviam sido colocados sob o controle estatal, muito embora todos os interesses e capitais não portugueses tenham ficado intocados (1986, p.135).

É significativo também que, em fins de 1978, o governo controlasse 51% da indústria de petróleo (através da estatal Sonangol), 61% da indústria de mineração de diamantes (através da Diamang, que foi nacionalizada) e 100% da indústria têxtil.

Em 1977, o I Congresso do MPLA revisou o trabalho de reconstrução econômica e estabeleceu novas metas, reconhecendo que algumas melhorias haviam ocorrido desde a independência, mas ainda faltava muito para que o país atingisse os níveis de produção de 1973. Um dos principais problemas dizia respeito à agricultura, cuja produção havia caído e não atendia nem às demandas do consumo interno por alimentos nem às demandas da indústria por matéria-prima. O setor pesqueiro, apesar do esforço para aumentar a produção e da obtenção de especialistas de países socialistas, também seguia deficiente. A situação econômica caracterizava-se pela baixa produção e produtividade, carência de mão de obra qualificada, falta de matérias-primas, pela má administração das empresas, e por um grande déficit orçamentário. Assim, foram estabelecidas diretrizes que visavam à recuperação econômica, especialmente no setor agrícola, que deveriam diversificar a produção e criar cinturões agrícolas ao redor dos principais centros populacionais.

Na ocasião do Congresso Especial do MPLA (1980), os dados apontavam para o crescimento do comércio externo em 47% entre 1977 e 1979 – sob o monopólio do Estado –, e para o aumento da produção do setor minerador em 450%. Alguns progressos haviam sido feitos também no que diz respeito ao aumento da produção agrícola; não obstante, o problema da agricultura ainda não havia sido resolvido. O Congresso estabeleceu orçamentos austeros e também diretrizes para incrementar a produção em todas as esferas econômicas.

Cerca de 80% da população angolana vivia no campo em 1986. Os alimentos básicos produzidos e consumidos pela população eram mandioca, milho e cereais e, devido à sua grande importância, foram submetidos a rígidos controles de preço. Como resultado das perturbações ao setor agrícola provenientes da guerra de independência e das ações da Unita, havia necessidade de importação para suprir a crescente demanda de víveres.

Quanto ao setor manufatureiro, na ocasião da independência, Angola possuía uma relativa gama de plantas industriais, voltadas principalmente para o mercado interno e estruturadas de forma a complementar as indústrias portuguesas, evitando competição com a metrópole (em 1973, inclusive, a produção industrial chegou a representar 18% do PIB angolano). Essa produção concentrava-se em Luanda, Huambo e Lubango, e as principais indústrias eram de processamento de alimentos (36%) e têxteis (12%), a maioria delas sendo de pequena escala e, antes da independência, pertenciam e eram gerenciadas pelos portugueses.

Depois da independência, o setor manufatureiro foi fortemente afetado pelo êxodo português, sucedendo sua ampla nacionalização; o governo, porém, manteve uma política de cooperação com empresas capitalistas e transnacionais, e em 1979 foi estabelecida uma lei que permitia o investimento externo em Angola, desde que fossem respeitados a independência e os interesses do país – salvo em alguns setores (bancário, telecomunicações, defesa, e suprimento de água).

Ainda que o governo tenha priorizado a produção industrial como vetor para construção do socialismo, o setor não avançou muito devido à falta de capital (desviado para a defesa), à escassez de mão de obra qualificada, à falta de peças de reposição e insumos e aos efeitos desestabilizadores provocados pela sabotagem da África do Sul e da Unita, além da própria incapacidade gerencial. A saída foi ampliar a exportação de petróleo, concentrada no litoral. Todavia, a extração de diamantes, que ainda pertencia a portugueses e outros investidores externos, tiveram prejuízos. No fim de 1977, o MPLA apoderou-se de 61% das ações da empresa; em 1978, para prover maior segurança às minas e acabar com o contrabando – que havia se tornado um sério problema – o partido dividiu a província de Lunda (onde se concentrava a extração de diamantes) em Lunda Sul e Lunda Norte. Tendo em vista que a mineração era feita na província Norte, esta se tornou uma zona restrita, onde a movimentação era rigidamente controlada. Tal medida conseguiu melhorar o desempenho da mineração de diamantes, a qual voltou a ocupar seu posto de segunda maior mercadoria de exportação do país. Entretanto, a extração sofreu novos retrocessos em 1983 e 1984, quando a Unita expandiu suas atividades guerrilheiras para Lunda Norte.

Já o petróleo não era apenas o maior produto de exportação do país, mas também o produto que sustentou a guerra civil. Neste sentido, Somerville constata que

> é um paradoxo que o fator que permitiu ao MPLA manter a opção socialista viva tenha sido a extensiva cooperação com o protótipo do capitalismo ocidental, as multinacionais de petróleo (1986, p.146).

As principais áreas de produção eram Cabinda e as áreas ao norte da costa angolana; a *Gulf Oil of America* iniciou as suas operações em Cabinda em 1957, e ainda é a principal parceira de Angola no setor petrolífero. Em meados de 1976, o MPLA criou uma empresa de petróleo estatal (Sonangol) para supervisionar a exploração de todas as fontes de hidrocarbonetos, incluindo a refinação. Em Cabinda, a Sonangol divide hoje a produção com a *Gulf* e comanda instalações primordiais de petróleo em Malango.

Em 1984, a contribuição total do petróleo para a economia angolana era de 2 bilhões de dólares. A cooperação com as multinacionais petrolíferas era bem sucedida e o MPLA não demonstrava sinais de pretender acabar com tal parceria no futuro, tendo em vista que, nesse setor, mais do que em qualquer outro, havia a necessidade de mão de obra qualificada – tão escassa em Angola. Além disso, os soviéticos evitaram assumir a exploração porque as instalações se tornariam alvo de sabotagem (em 1984, por exemplo, foi capturado em Cabinda um comando sul-africano, desembarcado de um submarino com explosivos e panfletos da Unita).

Quanto aos minérios de ferro, seus depósitos estavam localizados nas províncias de Huambo, Bie e Malanje, sendo que o principal centro minerador era Cassinga, no sul de Angola. Antes da independência, a exploração era feita por uma empresa portuguesa, a Cia. Mineira do Lobito, que foi nacionalizada pelo governo angolano em 1977.

Desde a independência, Angola desenvolveu importantes laços cooperativos com os países socialistas – principalmente URSS, Cuba e Alemanha Oriental, países que forneceram grande parte da ajuda externa recebida por Angola nas décadas de 1970 e 1980 para a reconstrução do país. Estima-se que Angola tenha recebido cerca de 17 milhões de dólares em ajuda da URSS entre 1976-1978 e, além da ajuda financeira, a URSS também providenciou a construção de uma hidrelétrica no Rio Kwanza (em parceria com empresas brasileiras), fornecendo material e mão de obra qualificada para remontar a indústria pesqueira angolana. Angola também aderiu à Convenção de Lomé, em 1985, que tornou o país elegível para receber ajuda externa da CEE.

Apesar dos laços econômicos criados com os países socialistas, as relações comerciais de Angola ainda eram fortemente ligadas aos países ocidentais, herança da estrutura estabelecida pelos portugueses na época do colonialismo. Ainda que os Estados Unidos tivessem rompido relações diplomáticas com o país, havia significativas relações comerciais entre as duas nações, com o aumento das vendas de café e petróleo angolano e a importação de maquinário sofisticado norte-americano. Outro parceiro comercial significativo no período foi a CEE. Nos anos 1980 fez-se uma série de esforços no sentido de aumentar o comércio com outros países africanos através da SADCC e da melhoria das relações com os outros países de língua portuguesa.

O Estado e o regime político

Durante as décadas de 1970 a 1980, o MPLA representou a principal força política de Angola. Antes da independência, o partido havia sido bastante cauteloso ao negar qualquer comprometimento com as ideologias marxista-leninistas, tendo em vista a necessidade de formar uma ampla frente de apoio contra Portugal, independente da ideologia de seus membros. De fato, a diversidade ideológica no movimento foi ilustrada nos vários rompimentos ocorridos ao longo da história do MPLA, como, por exemplo, a expulsão de Daniel Chipenda e a tentativa de golpe de Nito Alves. Mas um movimento amplo sem ideologia ou projeto definido não está apto para governar um país em ruínas e dividido pela Guerra Civil, necessitando unidade nacional e de liderança firme. Nesse sentido, e considerando-se que a maioria dos líderes do MPLA era de orientação marxista-leninista, não surpreendeu o fato de que o partido tivesse passado a identificar-se abertamente com tal ideologia após a independência.

A reunião plenária do Comitê Central do MPLA, em outubro de 1976, foi decisiva do ponto de vista ideológico, com a declaração do MPLA, pela primeira vez, da sua intenção de se transformar em um partido de vanguarda marxista-leninista e de alterar a constituição angolana para garantir que o mesmo não pudesse ser desafiado como poder supremo. Ficava claro, portanto, que o MPLA não tinha a intenção de dividir o poder com outras forças políticas, pretendendo instaurar, em nome da aliança entre operariado e campesinato, uma "ditadura democrática revolucionária". O partido reconhecia que o estabelecimento de um Estado socialista em Angola, porém, só poderia acontecer após a reconstrução econômica do país. Enfim, durante a plenária, o MPLA também demonstrou sua preocupação com o papel desempenhado pela antiga burguesia, chamando a atenção para o oportunismo corrente, quando membros da classe média se aproveitavam da falta de mão de obra qualificada na sociedade angolana para buscar benefícios e privilégios. Nesse sentido, foi declarado que membros da burguesia e intelectuais só seriam admitidos no partido se provassem seu comprometimento ideológico.

Na primeira metade de 1977, Nito Alves, ex-ministro do interior, foi expulso do Comitê Central do partido e preso por fomentar ideias racistas, criticando a participação de brancos e mestiços no governo do MPLA, fato que desencadeou uma tentativa de golpe por parte dos seguidores de Alves que, apesar de ser facilmente contida, teve repercussões para a coesão do partido. Dessa forma, o I Congresso do MPLA, realizado em dezembro de 1977, estabeleceu uma campanha de retificação que visava expurgar do partido membros não comprometidos com a causa socialista e a reconstrução do país. Além do lançamento da campanha de retificação, outras realizações importantes do congresso foram a declaração formal de aderência do partido ao marxismo-leninismo, e a adoção do nome Partido dos Trabalhadores do MPLA (MPLA-PT).

O Congresso também substituiu a antiga estrutura do MPLA – que era constituída por Grupos de Ação, Comitês de Ação e Comitês Provinciais Executivos – por uma nova estrutura organizacional. As novas estruturas deveriam ser preenchidas por quadros selecionados durante a campanha de retificação; as unidades básicas do partido seriam as células locais, que seriam compostas por um grupo de 3 a 30 membros, e elegeriam Comitês Setoriais do Partido, os quais, por sua vez, elegeriam Comitês de Área (ou povoamento, em áreas rurais) do partido. Daí passar-se-ia do nível local para o provincial, que seria composto por Comitês de Distrito Urbano/Rural do partido e, acima destes, Comitês Provinciais. Em nível nacional, o Comitê Central e o Bureau Político seriam os órgãos primordiais, sendo o Congresso o órgão supremo na tomada de decisões. O Comitê Central seria eleito pelo Congresso e, por sua vez, ficaria encarregado de nomear os principais líderes governamentais e de eleger o Bureau Político. Adotava-se assim, um modelo de *centralismo democrático,* que determinava que a decisão dos órgãos mais altos na hierarquia seria considerada obrigatória aos demais órgãos.

Por fim, o Congresso de 1977 também confirmou a posição de Neto no âmbito do partido e do governo. De fato, havia um forte elemento presidencial no partido, e

> embora a prerrogativa de tomada de decisões pertencesse ao congresso, ao Comitê Central e ao Bureau Político, Neto era claramente a força dominante, conduzindo o trabalho dos órgãos de lideranças do partido e do governo (Somerville, 1986, p.92).

Nesse sentido, em dezembro de 1978, com a justificativa de que o presidente precisava de um contato mais direto com seus ministros, Neto aboliu os cargos de deputado e primeiro-ministro, concentrando ainda mais o poder em suas mãos.

O MPLA também tinha um forte discurso contra o tribalismo, o racismo e o regionalismo. Tais convicções visavam assinalar a intenção do MPLA de derrotar a Unita e a FNLA, os quais baseavam suas campanhas de guerrilha e propaganda política em diferenças étnicas. Pretendia-se, portanto, forjar uma unidade nacional do povo angolano e, para tanto, utilizava-se não só a campanha de retificação, mas também um trabalho educacional, que visava educar ideologicamente os membros do partido e das forças armadas (FAPLA), além de uma campanha da mídia. A reestruturação significou que, quando o presidente Neto morreu, em setembro de 1979, a transferência de poder para o então ministro do planejamento, José Eduardo dos Santos, deu-se de forma pacífica, sem rupturas internas.

No Congresso Especial do MPLA, que ocorreu em dezembro de 1980, a campanha de retificação foi avaliada como positiva e bem sucedida, de forma que teve seu mandato renovado, com particular ênfase na retificação dos elementos burgueses remanescentes nos órgãos do Estado e do partido. Graças à campanha de retificação, também foi possível obter estatísticas sobre a composição social do partido, as quais demostravam que, enquanto 49% dos membros eram provenientes da classe trabalhadora, apenas 1,9% eram camponeses. Revelava-se, portanto, que, apesar do discurso de "aliança entre operariado e campesinato" disseminado pelo MPLA, os camponeses não estavam devidamente representados dentro do partido. Levando em consideração que 60% da força de trabalho do país engajava-se na agricultura, e que 79% da população vivia em áreas rurais, a falta de representação camponesa no partido demonstrava o fracasso do MPLA na mobilização e recrutamento desta classe. Essa situação era perigosa para o partido, na medida em que os camponeses poderiam deixar de apoiá-lo, abrindo espaço para a influência da Unita ou de outras forças políticas menores.

Além dessas questões, o Congresso também tratou das deficiências de formação e implementação dos órgãos governamentais, tanto em nível nacional quanto em nível provincial e local. Como em outros problemas estatais, tais deficiências estavam diretamente ligadas à escassez de mão de obra qualificada (principalmente para os campos administrativos) e ao baixo nível educacional da população em geral. Mas o MPLA-PT tinha superado a preponderância de Mbundo e mestiços da época da independência, tornado-se mais representativo do povo angolano como um todo, ainda que os Ovimbundus não estivessem representados na direção.

Em dezembro de 1985, o II Congresso do MPLA foi realizado em Luanda. Novamente, os principais temas na agenda referiam-se às deficiências nos trabalhos do partido e a problemas nas áreas rurais. A baixa representação de camponeses no Congresso – apenas 12, de 600 delegados eram camponeses –, demonstrava que o partido estava longe de ter resolvido o problema nas áreas rurais. Logo após a independência, a situação em Angola não permitia o estabelecimento de eleições ou a formação de qualquer tipo de órgãos representativos nacionais ou locais, e dessa forma foi instaurado o Conselho da Revolução, formado por membros do Comitê Central do MPLA e por líderes da FLAPA para as funções executivas do país. Acima desse Conselho estabeleceu-se o Conselho dos Ministros, e ambos eram presididos pelo presidente do MPLA.

Segundo a constituição, abaixo do nível nacional, as divisões administrativas seriam as províncias, os distritos, as comunas, as vizinhanças e os povoados – sendo que cada um destes níveis teria uma comissão como seu órgão administrativo, e a intenção era de que, em algum momento, tais comissões seriam eleitas. Contudo, isso não foi concretizado por um bom tempo, tendo em vista que algumas comissões formadas em Luanda durante a guerra civil, haviam se unido a Alves, na tentativa de golpe, atraindo as suspeitas do partido. Por isso, no Congresso do MPLA de 1977, decidiu-se por uma remodelagem das comissões – também chamadas de *poder popular* –, de forma que o MPLA tivesse total controle de seus corpos administrativos.

Em 1980, o Presidente Santos iniciou o processo de estabelecimento de Assembleias Populares Nacionais e Provinciais eleitas, que substituiriam o Conselho da Revolução. Os membros das Assembleias Provinciais seriam eleitos dentre uma lista de candidatos lançada pelo MPLA e, por sua vez, elegeriam os deputados que comporiam a Assembleia Nacional Popular. As eleições deveriam ocorrer a cada três anos, com base no sufrágio universal; não obstante, o direito a voto havia sido negado àqueles que haviam sido expurgados do MPLA durante a campanha de retificação, e àqueles que houvessem participado da Unita ou da FNLA. Dessa forma, a Assembleia Nacional Popular foi inaugurada em 11 de novembro de 1980, tornando-se o órgão supremo do Estado.

Uma série de organizações afiliadas ao MPLA floresceu em Angola durante a guerra de libertação, tendo desempenhado um papel de apoio ao partido na luta contra o colonialismo. Após a independência, esses movimentos tornaram-se importantes instrumentos nas estratégias políticas, econômicas e sociais. As principais organizações de massa eram a UNTA, a OMA e a Juventude do MPLA (JMPLA), sendo utilizadas pelo MPLA desde 1976 para a mobilização de apoio às políticas partidárias e governamentais.

Segundo Somerville,

> durante a guerra de libertação e a guerra civil o MPLA buscou controlar e dirigir as atividades das organizações através do Departamento de Organizações de Massas (DOM). Uma das principais tarefas do DOM era mobilizar o povo em áreas libertas, para manter a produção agrícola. Quadros do DOM desempenharam importante papel na organização das primeiras cooperativas nas áreas rurais. UNTA, a organização sindical pró-MPLA, cumpria um papel similar nas áreas urbanas, organizando trabalhadores em fábricas e escritórios (1986, p.116).

Entretanto, esse controle do MPLA sobre as organizações não foi tão efetivo nos primeiros anos que se seguiram à independência, de forma que elas puderam agir de forma relativamente independente durante aquele período. O resultado dessa "liberdade" foi que o grupo de seguidores de Alves conseguiu ganhar uma posição forte no âmbito da JMPLA e da UNTA, utilizando esses grupos junto com as comissões (poder popular) como contrapeso à autoridade do MPLA. Em 1977, essas organizações foram bastante visadas na campanha de retificação, que acabou por subordiná-las firmemente ao partido e ao governo.

A dissidência política em Angola tomou três formas básicas após a independência: facções dentro do partido; oposição da pequena burguesia às políticas governamentais e a resistência dos camponeses a organizações do MPLA; e a guerrilha e propaganda internacional da Unita, com apoio massivo da África do Sul. As duas primeiras formas foram mantidas sob o controle pelo MPLA, já a última foi de resolução muito mais problemática. Tendo sido derrotada, em 1976, a Unita lançou a guerrilha nas terras tradicionais do povo Ovimbundu – sua principal fonte de apoio interno –, que consistiam nas áreas centro e sul de Angola. A Unita continuou recebendo assistência sul-africana em termos de armamentos, tropas (SADF), e apoio logístico e financeiro, o que possibilitou ao partido utilizar a Namíbia como base segura.

Educação, religião, defesa e diplomacia

O MPLA tomou o poder, em novembro de 1975, comprometido com a realização de uma revolução social que transformaria as vidas da grande maioria dos angolanos que estavam vivendo uma situação de forte privação, ignorância e más condições de saúde durante o colonialismo. Duas das principais metas eram a construção de um sistema nacional de educação – para combater o analfabetismo – e a criação de um sistema de saúde eficiente. Quando chegou ao poder, no entanto, o MPLA deu-se conta da difícil tarefa que tinha pela frente, isto é, fazer tal revolução num momento de massivos deslocamentos internos, declínio econômico e falta de mão de obra qualificada.

Com relação à educação, era necessário reverter a situação de privação herdada do colonialismo português. As políticas educacionais do MPLA remontavam à luta de libertação, quando o movimento oferecia educação às áreas libertadas, visando a instrução ideológica e o recrutamento. Após a independência, o governo do MPLA estabeleceu como prioridade o lançamento de uma campanha de alfabetização, tendo em vista que cerca de 90% da população era analfabeta, principalmente nas áreas rurais. O governo enfrentava sérias dificuldades, porém, para prover educação para a população, considerando-se que não havia professores suficientes para a tarefa, e mesmo os que existiam eram bem pouco qualificados. Na tentativa de amenizar tal quadro, o MPLA recorria frequentemente à assistência dos países socialistas, especialmente Cuba. Ainda assim, essa campanha obteve relativo sucesso e no período 1976-1977, 102 mil adultos aprenderam a ler e escrever.

A educação universitária, embora mais difícil ainda de prover, também era considerada importante pelo MPLA, na medida em que ela formaria mão de obra qualificada e base ideológica de sustentação ao partido. Além de falta de professores, outro problema para a educação eram as ações militares sul-africanas e da Unita, que faziam com que universitários fossem recrutados como oficiais das FAPLA.

A religião era, até certo ponto, um problema para o novo regime. Muitos angolanos eram católicos ou protestantes, e os missionários haviam desempenhado um importante papel com relação ao fornecimento de educação para o povo comum durante o colonialismo. A atitude básica adotada pelo regime em relação à religião era ambígua: por um lado, o comprometimento do movimento com a ideologia marxista significava que a religião era vista como uma herança maligna do colonialismo, que não deveria estar presente na construção de um Estado socialista; por outro, devido à relevância da religião na sociedade angolana (principalmente cristã), ela não podia ser ignorada e o MPLA era tolerante, desde que não se envolvesse em questões políticas. Ainda assim, o MPLA exercia controle sobre as atividades de grupos religiosos, registrando igrejas e organizações religiosas, abolindo a isenção fiscal para essas igrejas, banindo a seita das Testemunhas de Jeová sob a alegação de que seus membros não aceitavam o serviço militar e ignoravam o Estado. O MPLA também dissolveu a Rádio Ecclesia, o que o levou a uma disputa com a Igreja Católica.

A política militar constituiu uma preocupação fundamental do MPLA durante toda primeira década que se seguiu à independência, sugando boa parte dos recursos do país. Era vital a transformação do exército de guerrilha do MPLA num exército nacional, bem como a criação de forças aéreas e navais, que fizessem frente às ameaças postas pela guerrilha da Unita e pelas intervenções da África do Sul, através de suas bases na Namíbia. Durante o conflito de libertação, o MPLA formou seu próprio braço armado, as FAPLA, que usava táticas guerrilheiras para derrotar os portugueses. As FAPLA recebiam então armas e treinamento de vários países socialistas, principalmente da URSS e de Cuba. Além da FAPLA, outra força militar pró-MPLA havia sido criada durante o período da guerra civil em forma de milícia, para proteger a população de ataques da FNLA e da Unita (sendo transformada em ODP pelo MPLA e passando a ser usada para fornecer apoio à FAPLA na defesa do território).

Após a independência, houve um obscurecimento das distinções entre líderes políticos e militares, tendo em vista que muitos daqueles que eram nomeados para posições de liderança no âmbito do MPLA ou do governo haviam sido líderes militares durante a guerra de libertação, e vice-versa. Assim surgiu a concepção de que as forças armadas deveriam estar sobre controle político direto, o que deveria ser feito através da nomeação de comissários políticos para todas as unidades militares, bem como através da politização dos próprios soldados. Em 1977, entretanto – com o golpe de Alves –, ficou claro que havia fortes divisões no âmbito da FAPLA, a qual foi ainda mais prejudicada nessa ocasião, quando seus principais líderes foram mortos. Esses eventos levaram a uma total reestruturação da FAPLA e a um aumento dos esforços para garantir seu controle político pelo MPLA.

Entre 1977 e 1980, a principal tarefa da FAPLA era combater o crescente número de ataques da Unita e a agressão das tropas sul-africanas, o que conferiu às forças armadas um duplo papel: a preparação para a guerra convencional contra a África do Sul e a condução de campanhas contra insurgentes e contra a Unita. Para enfrentar esses problemas, as FAPLA contaram com assistência extensiva de Cuba, cuja função era, essencialmente, a de proteger as principais instalações econômicas do país (como os campos de petróleo de Cabinda) das ofensivas da Unita ou da África do Sul.

No fim dos anos 1970, o tamanho das forças armadas subiu de 30 mil para cerca de 50 mil homens, mas voltou a regredir para 32 mil em meados de 1980. A maioria das armas utilizadas no conflito era de procedência soviética ou do Leste Europeu, e os mais altos oficiais da FAPLA haviam sido treinados em Cuba ou na URSS. Um dos principais aspectos do treinamento das forças armadas consistia na educação política, o que visava não só conscientizar as tropas sobre a necessidade de lutar, mas também evitar a infiltração de facções antigovernamentais na FAPLA – como havia ocorrido no golpe de Alves.

No início dos anos 1980, houve um considerável aumento da agressão sul-africana, que culminou com a ocupação de grande parte da Província de Cunene pela SADF, permitindo à Unita incrementar seus ataques a instalações governamentais e estender suas operações militares às províncias mais ao norte do país. Apesar de ter firmado o Acordo de Lusaka, em fevereiro de 1984, sobre o desengajamento militar no sul de Angola, a África do Sul manteve suas tropas na região até meados de 1985, e mesmo depois disso, houve outras intervenções visando evitar a vitória das FAPLA contra a Unita. Na segunda metade da década de 1980, a eficácia havia crescido, inclusive no tocante à aviação.

Quanto à política externa, as principais bases estavam no não alinhamento e na forte cooperação com os países socialistas, visando garantir a independência do país e sua integridade territorial, além de propiciar a Angola fontes para a reconstrução da economia. Devido à ideologia do MPLA e da ajuda prestada durante a luta pela libertação estava claro, contudo, que as relações com Cuba, a URSS e os demais países socialistas também constituiriam importante faceta da diplomacia angolana. Os pontos mais importantes eram a salvaguarda da opção socialista (que justificava a busca pela assistência de Cuba e da URSS); a política de não alinhamento e anti-imperialismo; a proibição do estabelecimento de bases militares estrangeiras em território angolano; a diversificação dos laços econômicos com países socialistas e capitalistas; e o apoio a movimentos de libertação nacional – que levaram ao conflito com a África do Sul no que diz respeito à independência da Namíbia.

De fato, o relacionamento íntimo com os países socialistas foi bastante encorajado durante os governos Neto e dos Santos. A estreita cooperação com a URSS devia-se em grande parte ao forte apoio que esta forneceu a Angola durante a longa guerra de libertação, tendo desempenhado um papel fundamental para a vitória do MPLA. Em maio de 1976, o primeiro-ministro angolano, Lopo do Nascimento, visitou Moscou para tratar da cooperação política e econômica entre os dois países, do que resultou uma declaração mútua de relações pacíficas e um acordo de ajuda econômica a Angola – através de recursos financeiros e mão de obra qualificada.

Em outubro de 1976, a cooperação foi aprofundada com a visita do presidente Neto à URSS e à assinatura de um Tratado de Amizade e Cooperação, que também previa ajuda militar e econômica soviética ao país. Além disso, em 1981, quando a África do Sul realizou uma de suas maiores ofensivas na província de Cunene, a URSS não só condenou publicamente o ato, como também enviou alguns navios de guerra à costa angolana, ameaçando o invasor. As conversações ocorridas em meados dos anos 1980 entre Angola, Estados Unidos e África do Sul, sobre a questão da independência da Namíbia desagradaram a URSS, que criticou a participação angolana.

Com relação a Cuba, a cooperação também estava baseada na ampla assistência prestada a Angola, que ia do envio de tropas, conselheiros civis, até médicos e professores para ajudar no esforço de reconstrução. Além disso, todos os países socialistas apoiavam Angola face aos ataques da África do Sul e da Unita, o que era demonstrado através da atividade diplomática no âmbito da ONU e de outros fóruns multilaterais. A única parte ainda não desenvolvida da cooperação com os países socialistas dizia respeito às relações comerciais, que ainda permaneciam modestas.

Outro fator relevante na política externa do MPLA era o elemento regional, que envolvia tanto os conflitos com a África do Sul quanto a forte cooperação com os demais países da África Austral através da SADCC. Angola desempenhou um papel primordial na oposição às políticas regionais e domésticas do Estado do *apartheid* sul-africano, defendendo a luta antiapartheid e a independência da Namíbia, tanto no âmbito da SADCC, como através do apoio direto ao ANC e à SWAPO. De fato, o apoio angolano a esses grupos de libertação (que representavam um claro desafio à hegemonia sul-africana na região), acrescentado às políticas socialistas e à presença cubana fomentaram as agressões da África do Sul a Angola e o apoio sul-africano à guerrilha da Unita, com o fim de desestabilizar o governo do MPLA.

A SADCC, formada em 1980, tinha como objetivo eliminar a dependência econômica dos estados que haviam acabado de passar pelo processo de descolonização da África do Sul, particularmente em termos de comércio e transportes. Além de ser utilizado como instrumento político para amenizar a dominância sul-africana, a organização também rendeu certa assistência ocidental a Angola.

Embora o MPLA buscasse constantemente estabelecer laços amigáveis com o Ocidente (sendo que suas relações comerciais eram fortemente voltadas para os Estados Unidos e para a Europa Ocidental) surgiram certos pontos de atrito com o governo norte-americano. Os Estados Unidos se recusavam a reconhecer o governo do MPLA enquanto tropas cubanas permanecessem em território angolano; além disso, as relações de Washington com a Unita e a FNLA durante a guerra civil, e o seu apoio ao regime desestabilizador e opressor da África do

Sul, geravam mais obstáculos para a normalização de relações diplomáticas entre os dois países. De fato, os governos Carter e Reagan mostraram-se bastante hostis com relação a Angola, considerando o governo do MPLA como marionetes da URSS e de Cuba.

Já as relações com a Europa Ocidental tinham um tom mais cordial, ainda que se limitassem, primordialmente, às relações comerciais. Uma das principais preocupações angolanas, com relação à Europa Ocidental era buscar o apoio diplomático dos países, principalmente da França, contra o regime sul-africano. As relações com a ex-metrópole variavam, mas na maioria das vezes ocorreram atritos entre Angola e Portugal, tendo em vista a inclinação portuguesa favorável à Unita durante a guerra civil. Não obstante, o presidente angolano Santos compareceu à posse do primeiro presidente civil de Portugal, Mário Soares, em 1986, esperando que tal fato levasse a uma melhoria nas relações bilaterais.

As relações com a China também variaram bastante, e durante parte da guerra de libertação, o governo chinês apoiou o MPLA; na década de 1970, contudo, durante a guerra civil, os chineses passaram a apoiar a FNLA e a Unita – em parte devido às suas boas relações com o presidente Mobutu. Quando da vitória do MPLA, a China criticou contundentemente o papel da URSS e de Cuba no conflito e ofereceu ajuda militar ao Zaire, no período de maior tensão entre este país e Angola. No início dos anos 1980, quando já havia ocorrido a reaproximação entre os dois países, a China passou a buscar a normalização de relações com as duas nações, o que foi concretizado em 1983. Tal reaproximação entre a China e Angola foi favorecida pela diminuição das críticas chinesas quanto à influência soviética na África, bem como pela linha pragmática e não alinhada adotada pela política externa angolana.

Transição, terceira guerra civil, paz e reconstrução

Na segunda metade dos anos 1980, no contexto da *Perestroika* de Gorbachov, Moscou passou a buscar uma solução política para os conflitos regionais, cortando cada vez mais a ajuda, inclusive no caso de Angola. A situação, entretanto, só não foi semelhante à de Moçambique, porque Fidel Castro manteve um apoio firme ao regime angolano, o qual, por seu turno, não tinha grandes opções, devido à determinação sul-africana. Em 1988, após o triunfo angolano-cubano na batalha de Cuito Cuinavale, um acordo tripartite foi assinado em Nova Iorque (entre Angola, África do Sul e Cuba) que pôs fim ao conflito, estabelecendo a independência da Namíbia, a retirada sul-africana e das tropas cubanas de Angola.

Embora a retirada dos cubanos em 1989 tenha sido seguida pela independência da Namíbia, o que garantiu o desengajamento (ao menos formal) da África do Sul, o *lobby* pró-Savimbi era forte nos Estados Unidos, na Europa e em várias capitais africanas. Embora ele tenha firmado uma trégua em Gbadolite (Zaire) perante vinte líderes estrangeiros, logo os combates foram reiniciados; um ano depois, porém, ele reconheceu o governo de José Eduardo dos Santos. As autoridades de Angola anunciaram, em Lisboa, em 1990, a retomada das negociações com a Unita, com a ideia de restaurar o cessar-fogo permanente no país. Após 16 anos de guerra civil, o governo angolano e a Unita assinaram um acordo de paz, gerido pelos Estados Unidos, Portugal, URSS e ONU.

Em 1991 o governo introduziu um sistema multipartidário e liberalizou a economia, fazendo uma inflexão em direção aos Estados Unidos. Assinado em 1991, na cidade de Estoril, incluía um cessar-fogo, eleições no ano de 1992 e a criação de uma Comissão para formar um exército nacional com as tropas de ambos os lados. Holden Roberto, da FNLA, e Jonas Savimbi, da Unita, regressaram em 1991 a Luanda, para suas campanhas eleitorais. Paralelamente, as referências ao socialismo foram abandonadas e importantes empresas começaram a ser privatizadas, com a rápida formação de uma nova burguesia oriunda do próprio MPLA, de retornados ou de estrangeiros que aí se radicaram.

Na sequência, foram realizadas eleições em 1992, com a vitória de Santos, a qual não foi reconhecida por Savimbi. No mesmo dia, as forças guerrilheiras da Unita, que em grande parte permaneceram clandestinas e, dissimuladamente, conservaram suas armas, reiniciaram a guerra civil em Luanda e no interior. O governo havia desmobilizado seus melhores soldados e quase foi vencido, não fosse a resistência de milícias populares. Savimbi controlou grande parte do interior, onde se encontravam as jazidas de diamantes, enquanto o governo se financiava com os poços de petróleo no litoral. Vários acordos foram tentados, mas a luta continuava com Savimbi ocupando mais da metade do país. Todavia, alguns setores da Unita viriam a aceitar uma anistia do governo e se transformaram em partido, sendo cooptados para alguns cargos governamentais.

Em 1993, Savimbi retomou as negociações de paz em Lusaka, Zâmbia. No dia 20 de novembro de 1994, após meses de difíceis negociações, foi firmado o Protocolo de Lusaka, na Zâmbia, que retomava pontos básicos do Acordo de Bicesse. No entanto, tal acordo não foi executado até o final de 1995, e a luta prosseguiu. Uma anistia foi aprovada em 1996, sendo aceita por parte da Unita. A guerra civil causou a mais grave crise da história econômica e social de Angola: após duras negociações, a Unita acordou em 1997 sua participação no governo (executivo, legislativo e Forças Armadas) e, apesar de fraca na capital, as forças de Savimbi ainda controlavam 40% do território. A queda de Mobutu Sese Seko no Zaire, no mesmo ano, foi prejudicial para a Unita, que perdeu o apoio que recebia através da fronteira do norte e do leste.

Com a ascensão de Nelson Mandela, em 1994, e a queda de Mobutu, em 1997, o grupo de Jonas Savimbi começou a perder força. Em 1999, foi formado novo governo e, no ano seguinte, os combates recomeçaram quando a ONU retirou sua missão de paz. Savimbi foi morto em combate em fevereiro de 2002 na província de Moxico, propiciando um acordo formal de cessar-fogo, assinado em abril seguinte. Quatro meses depois, a Unita pôs fim ao seu braço armado e o ministro da defesa declarou que a guerra civil, de 27 anos, tinha findado. A Unita transformou-se em partido político, com um novo líder – Isaías Samakuva.

Encerrava-se, dessa forma, uma das mais longas guerras civis da história contemporânea (1961-2002). Restavam, entretanto – assim como em Moçambique – milhões de refugiados e de minas terrestres dispersas e não detonadas, milhares de mutilados, além do fato de a infraestrutura angolana estar completamente destruída. Somente a chegada dos investimentos chineses teria um impacto decisivo para a economia angolana. O Brasil, que desde o início apoiou o MPLA, sempre manteve sua presença e apoio econômico a Angola, política que conheceu forte incremento durante o governo Lula.

Com o fim do conflito, em 2002, a diplomacia angolana tem buscado sua reinserção regional e ampliação dos aliados internacionais. O novo quadro político angolano proporcionou condições para uma política externa mais pragmática do que a anterior, pois o governo passou a ver como prioridade o desenvolvimento das infraestruturas do país, baseado em busca de parcerias externas sem opções excludentes. O governo tem privilegiado as relações com a China, mas não abandonou os parceiros tradicionais – como o Brasil, por exemplo. Simultaneamente, Angola concentrou sua atenção na política de segurança regional, na África Austral e em relação à República Democrática do Congo, para garantir que suas fronteiras sejam seguras. O interesse dos Estados Unidos e da China na região tem aumentado em razão das riquezas minerais, dado que a África já responde por mais de 15% das importações norte-americanas de petróleo e a China chega a importar 30% do petróleo produzido na África, especialmente de Angola.

2. A Revolução Moçambicana

O colonialismo, a Frelimo e a independência[1]
Moçambique colonial

Moçambique possui uma superfície de quase 800 mil km², está situado no Sudeste Africano, é banhado pelo Oceano Índico (com um litoral de 2.515 km) e localiza-se numa região de climas subtropical e tropical marítimo. Seu relevo pode ser divido em um planalto ao norte do Rio Zambeze e planícies ao sul dele. Os três principais rios, por regiões, são o Zambeze, no centro, o Limpopo, ao sul, e o Rovuma, ao norte. A população moçambicana é de quase 23 milhões de habitantes (2009), sendo predominantemente jovem.

Os primeiros habitantes do território moçambicano eram caçadores e coletores San, sendo substituídos no início do milênio por grupos Bantu vindos do norte. A "descoberta" da atual região de Moçambique por parte dos portugueses deu-se em 1498, iniciando a longa presença europeia no litoral africano. Portugal tentou, sem sucesso, a expansão para o interior em busca de ouro, que foi barrada por habitantes do atual território do Zimbábue. Novas formas de exploração econômica tiveram de ser implantadas com a expulsão dos portugueses do interior, como a captura e tráfico de escravos. É importante ressaltar que, inicialmente, esse território era considerado principalmente como entreposto, cuja exploração era secundária se comparada com o comércio com as Índias.

---

[1] Com a colaboração de César Figueiredo, doutorando em Ciência Política na UFRGS.

Gradativamente, com a proibição do tráfico na segunda metade do século XIX, a mão de obra moçambicana passou a ser utilizada no próprio continente africano, quando milhares foram forçados a deixar o país rumo às minas de ouro e plantações em colônias inglesas, como as Rodésias (atual Zâmbia e Zimbábue) e África do Sul. Com o avanço da descolonização, Portugal, para manter o domínio sobre Moçambique, converteu o território em "província ultramarina", fomentando o tribalismo a fim de impedir a unidade e o nacionalismo (grupos independentistas eram reprimidos à medida que iam surgindo).

Moçambique possuía uma economia relativamente diversificada na segunda metade do século XX. Açúcar, algodão, arroz, chá, castanhas e cobre estavam entre os principais produtos exportados, e o turismo e a migração para territórios vizinhos geravam divisas externas. No sul, essa migração ocorria de forma legal, valendo-se de acordos entre portugueses e ingleses para trabalho nas minas do Rand sul-africano; além disso, sistemas de transportes e abastecimento foram criados com os territórios vizinhos, de modo que a ligação com outros países tornou-se mais forte do que as conexões dentro de Moçambique. A parte mais moderna da economia foi concentrada nas cidades costeiras onde ficavam os portos, que escoavam a produção moçambicana e aquela proveniente dos países fronteiriços. Esse desenvolvimento levou à criação de um setor industrial de bens de consumo e favoreceu a formação de uma classe de africanos com acesso à educação, que dividia essas regiões com a população branca.

Os anos que sucederam à Segunda Guerra Mundial foram cruciais para a consolidação dos nacionalismos africanos. Os acontecimentos do período levariam às independências africanas, que ocorreram em sua maioria entre o fim da década de 1950 e o começo dos anos 1960. Esse foi o caso de Tanzânia, Malauí e Zâmbia, que se tornaram independentes nesse período. Esses países, que faziam fronteira com Moçambique e abrigavam trabalhadores provenientes dali, foram o lugar de nascimento do nacionalismo moçambicano. Foi com base nos trabalhadores emigrados na Tanzânia e a influência do presidente Julius Nyerere que moçambicanos organizaram o movimento político que faria com que o país se tornasse independente de Portugal.

A GUERRILHA DA FRELIMO

Eduardo Mondlane, que foi professor universitário nos Estados Unidos (e casado com uma norte-americana), e posteriormente funcionário das Nações Unidas, acabou se tornando o principal dirigente e mentor da Frelimo, fundada em 25 de junho de 1962, como resultado da unificação de três movimentos nacionalistas: Udenamo, Unami e Unam. Em seu primeiro congresso, a Frelimo definiu uma plataforma capaz de unir todos os patriotas moçambicanos, fixou como objetivo central a libertação nacional e determinou a estratégia e a tática para atingir esses objetivos. Definiu, ainda, o papel fundamental da unidade no processo de libertação nacional, pois a divisão era a causa maior do fracasso da resistência histórica ao colonialismo (Frelimo, 1977, p.24).

A Frelimo lançou a luta armada em Moçambique em 1964, mas Eduardo Mondlane foi assassinado, em 1969, por agentes da PIDE – a polícia política portuguesa. Para seu posto como o novo dirigente da Frelimo foi nomeado Samora Machel, o qual viria a conduzir com sucesso a luta armada em Moçambique, tornando-se seu presidente depois do país ter-se tornado independente de Portugal, em 1975. Machel era considerado mais "radical" que Mondlane e representava a ala militar da Frelimo. O movimento de libertação nacional em Moçambique elaborou um discurso e uma estratégia contra o colonialismo português dentro de um modelo bem particular de luta: incorporaram questões específicas da identidade africana, aliado a um discurso enquadrado aos paradigmas marxistas.

Os primeiros combatentes moçambicanos foram treinados na Argélia, no norte da África, onde tiveram suporte militar e ficaram mais próximos ideologicamente de outros países que alcançaram a sua independência pela via armada. O início das operações da Frelimo ocorreu no dia 25 de setembro de 1964, com o ataque a vários pontos administrativos e militares na província setentrional de Cabo Delgado. Os combatentes, após o treinamento na Argélia, mantinham uma retaguarda estratégica na Tanzânia, que servia como base e posto de treinamento, que denominavam Centro de Formação do Homem Novo (Pachinuapa, 2005, p.12).

No tocante ao efetivo da Frelimo, no início das operações possuía o seguinte contingente: em 1964, a guerrilha contava com 250 homens, contra 35 mil soldados portugueses; em 1967 atingia 8 mil homens treinados, contra um efetivo de aproximadamente 65 mil a 70 mil soldados portugueses (Mondlane, 1995, p.114). Obviamente, a capacidade militar portuguesa era bem maior do que a moçambicana, tanto em quantidade de homens quanto em recursos a serem gastos com a guerra; contudo, havia muitos problemas para Portugal: a população moçambicana era, em sua maioria, hostil aos portugueses; a Frelimo era composta por moçambicanos, ao passo que o exército português era composto por um efetivo estrangeiro lutando em território desconhecido; e a luta em Moçambique, assim como em outras colônias portuguesas, tornava-se um problema interno para o governo de Portugal, pois ocorriam gastos excessivos e não havia apoio popular. Em Lisboa, por razões políticas e de propaganda, o governo procurou minimizar o conflito, encobrindo-o e qualificando a luta como um simples restabelecimento da ordem (Cabaço, 2007, p.362-3).

Diferentemente de Portugal, que possuía um exército regular, a Frelimo contava com exército não convencional e desenvolvia táticas de guerrilha – atacava o inimigo e depois recuava, pois mantinha um santuário estratégico protegido na Tanzânia. A Frelimo contava ainda com um fator diferenciado, o tempo. Portugal precisava do sucesso imediato em sua ofensiva, ao passo que Frelimo se utilizava do conhecimento da região e da identidade com a população para fomentar ainda mais o sentimento de nacionalidade e, com isso, adensar o seu exército guerrilheiro. Dessa forma, o tempo contava a favor da guerrilha.

Existia uma dinâmica entre tempo e espaço no embate entre os dois países: quanto mais o tempo passava, mais o espaço conquistado pelos guerrilheiros moçambicanos se ampliava. Ou seja, a direção da Frelimo adotou a concepção chinesa de *guerra prolongada* que, além da vitória no espaço, consistia também em transmitir conhecimento e desenvolver a consciência dos camponeses, ganhando-os definitivamente para a luta armada. Quanto às tropas portuguesas, no início os soldados desembarcavam motivados pela missão de debelar uma insurreição; com o passar do tempo, no entanto, mostravam-se cada vez mais ansiosos para alcançar os dois anos necessários de prestação de serviço militar e poderem regressar às suas vidas na metrópole.

Com relação à estratégia militar, os portugueses deram ênfase à construção de aldeamentos, cujos objetivos eram o confinamento e controle das populações, retirando-as de suas casas e aldeias. Esse tipo de ação era inspirada no exemplo dos americanos que lutavam no Vietnã e deslocavam as populações das áreas de guerra com os seguintes argumentos: proteger a população, criar polos de desenvolvimento socioeconômico e, principalmente, evitar o contato com os guerrilheiros (a quem a população alimentava e propiciava oportunidade de recrutamento).

Na expectativa de conseguir derrotar a guerrilha, após a morte de Eduardo Mondlane (1969), o exército português desencadeou a operação denominada *Nó Górdio*, que consistiu numa grande ofensiva de cerco contra a Frelimo. A operação, porém, não atingiu o sucesso esperado. A partir do momento em que a frente de libertação ia conquistando espaço e apoio da população, zonas libertadas foram sendo criadas. Este avanço por parte da guerrilha conduziu às primeiras fissuras dentro do próprio movimento, mais especificamente na concepção da linha política que estava se processando na luta, dividindo-se em *linha revolucionária* e *linha reacionária*.

> Os revolucionários argumentavam que a produção dos bens alimentares, para além do que os camponeses necessitavam

para a sua própria sobrevivência, devia ser coletiva. [...] As forças moderadas eram da opinião que nas zonas libertadas devia haver um sistema comercial privado, que comprasse os excedentes dos camponeses em troca de bens de consumo (Abrahamsson; Nilsson, 1994, p.33).

A linha revolucionária conquistou o seu espaço no seio da organização armada e lançou a base da concepção política adotada pela Frelimo durante o processo de independência de Moçambique.[2]

Fruto da união de grupos nacionalistas menores, a Frelimo enfrentou problemas de coesão logo após sua criação. Os desentendimentos levaram, inclusive, a confrontos violentos entre membros do grupo, até que uma reestruturação, realizada em 1969, veio colocar fim às dissidências. Assim emergiu e se consolidou a liderança de Samora Machel, que conseguiu manter o movimento unido com o apoio de membros provenientes do sul de Moçambique e de uma rede internacional que reconhecia a legitimidade do partido. As disputas internas, anteriormente, também haviam prejudicado as atividades do grupo, uma vez que suas ações ficaram restritas ao norte e ao Lago Niassa, não atingindo o Zambezi e as cidades costeiras.

Com a reestruturação do partido, a Frelimo conseguiu obrigar Portugal a adotar estratégias defensivas contra a guerrilha e, ainda que essas medidas não tenham ajudado os portugueses a ganhar a guerra, elas contribuíram para criar

---

[2] Eduardo Mondlane em entrevista: "Uma base comum que todos tínhamos quando formamos a Frelimo era o ódio ao colonialismo, a necessidade de destruir a estrutura colonial e impor uma nova estrutura social. Alguns sabiam, tinham ideias teóricas, mas mesmo esses foram transformados pela luta. Há uma evolução do pensamento que se operou durante os últimos 6 anos, que me pode autorizar, que eu me autorizo a mesmo concluir, que a Frelimo é agora, realmente, muito mais socialista, revolucionária e progressista, do que nunca, e a tendência agora é mais e mais em direção ao socialismo do tipo marxista-leninista" (Bragança; Wallerstein, 1978 apud Cabaço, 2007, p.418).

uma oposição à frente de libertação, algo que teria impacto no período pós-independência. Segundo Newitt,

> a Frelimo acreditava ser possível ignorar aqueles grupos que tinham sido fortemente associados ao regime colonial e falhou ao não perceber a latente e forte oposição que existia a sua tomada do poder (Chabal, 2002, p.190).

Os portugueses procuraram se apoiar nas lideranças tribais tradicionais, as quais eram destituídas pela Frelimo nos territórios liberados. Por outro lado, como forma de criar uma economia mais desenvolvida, esvaziando o ímpeto da guerrilha e criando um polo próspero no centro do país que os barrasse, os portugueses iniciaram a construção da hidroelétrica de Cabora-Bassa no Rio Zambeze. A energia seria vendida, principalmente, à África do Sul. Para evitar que a guerrilha atacasse o canteiro de obras, grandes contingentes foram imobilizados na região, criando um corredor pouco guarnecido, o qual permitiu à guerrilha infiltrar-se no sul; ocorre, porém, que a Frelimo não desejava atacar uma obra que seria vital para a economia após a independência.

O caminho para a independência

No sul, praticamente não havia organização entre os trabalhadores das minas. Foi apenas quando os assimilados de Lourenço Marques (a capital, depois da independência, Maputo) e elementos da diáspora que se encontravam na Europa se somaram ao movimento que ele adquiriu contornos mais definidos e passou a receber treinamento militar na China. Sempre houve, através da Tanzânia – onde os chineses eram influentes – uma colaboração com o gigante comunista asiático.

A Tanzânia tinha uma posição mais definida de compromisso com os movimentos de libertação nacional, pois sua elite era homogênea. Já na Zâmbia, havia uma divisão entre a elite política nacionalista e os tecnocratas ligados à exportação do cobre, levando Kenneth Kaunda, o presidente zambiano, a buscar um equilíbrio entre as duas facções e a ter uma posição mais incerta nos conflitos dos países vizinhos. Para essa situação também contribuíam fatores geopolíticos, pois a Tanzânia estava protegida de adversários, enquanto a Zâmbia tinha extensa fronteira com a Rodésia. Não apenas seu centro nevrálgico se encontrava muito próximo da região fronteiriça, como, por sua posição mediterrânea (sem acesso ao mar), a exportação do cobre deveria ser efetuada por via ferroviária através do território rodesiano e moçambicano. O Malauí, por sua vez, era aliado dos regimes racistas da Rodésia e África do Sul, bem como de Portugal, fechando suas fronteiras aos guerrilheiros moçambicanos.

A situação interna de Portugal também foi um dos fatores que favoreceram o fim da guerra em proveito da Frelimo. No ano de 1974, em Portugal, ocorreu a Revolução dos Cravos, desencadeada pela revolta militar de 25 de abril, dando início a um período de instabilidade política com a troca de governo. As autoridades portuguesas discordavam quanto aos rumos que deveriam tomar em relação à disputa que ocorria em Moçambique. O presidente Spínola desejava ver uma transição lenta em direção à independência, valendo-se para isso de tentativas de criação de partidos políticos moderados que pudessem contrabalançar o peso da Frelimo e atuar como oposição vitoriosa em uma possível eleição. Em contrapartida, os oficiais do MFA, politicamente mais próximos da esquerda, buscavam uma solução mais rápida, com o objetivo de por fim à presença militar portuguesa na região.

As divergências dentro do governo português abriram espaço para que a Frelimo chegasse até as cidades costeiras. A inconsistência das atitudes portuguesas criou um vácuo de poder em Moçambique, permitindo que a Frelimo expusesse suas reivindicações para encerrar o conflito. Contrariamente ao desejo inicial do presidente Spínola, o partido político moçambicano buscava uma transferência imediata de poder sem a realização de eleições. As demandas do grupo foram atendidas no Acordo de Lukasa de 7 de setembro, após negociações iniciadas em agosto de 1974. Ao tomar essa posição, a Frelimo esperava evitar a formação de grupos políticos oposicionistas, o que era uma possibilidade latente uma vez que sua presença não estava consolidada em todo o território e que um dos grupos populacionais do norte, os Makua, discordavam do domínio da Frelimo.

Como resultado do acordo de setembro de 1974, um governo transitório foi instalado. Seu principal objetivo era estabelecer um ambiente político e econômico propício para a independência, marcada para ocorrer em 1975, quando Samora Machel assumiria a presidência do país. O período de transição não foi muito tranquilo para Moçambique; além de o governo central não possuir autoridade sobre todo o território, uma tentativa de golpe de Estado da direita viria a estremecer as frágeis bases para a independência. Uma das consequências dessa instabilidade foi a fuga massiva da população branca e da mão de obra qualificada. Além disso, nenhuma decisão importante em economia ou relações exteriores foi tomada.

A GUERRA CIVIL E O CONFLITO INTERNACIONAL

Desde o início do novo regime, Machel criticou duramente os regimes racistas da Rodésia e da África do Sul, com os quais fazia fronteira. Desta forma, os movimentos de libertação desses países passaram a receber apoio moçambicano, inclusive com o envio de guerrilheiros veteranos para lutar na Rodésia. A ZANU e a ZAPU puderam instalar bases em Moçambique e ao ANC foram cedidos campos de treinamento de militantes, que se infiltravam na África do Sul para realizar sabotagens, mas, apesar disso, a energia elétrica gerada em Cabora Bassa continuou sendo vendida ao inimigo.

AS MEDIDAS DE SOCIALIZAÇÃO E A FORMAÇÃO DA RENAMO

Para fazer frente à paralisia da produção, em 1977 Machel promoveu a nacionalização de toda propriedade privada e proclamou seu movimento marxista-leninista, com o intuito de obter apoio dos países socialistas, evolução essa que conduziu à saída dos cooperantes chineses e norte-coreanos em 1978. A limitação de meios e a instabilidade interna gerada pela guerra civil limitariam o impacto da ajuda do bloco soviético. Foi estabelecido, então, um programa em que milhares de jovens moçambicanos foram estudar no bloco soviético e em Cuba, num projeto de formação de quadros qualificados. Muitos outros foram trabalhar na Alemanha Oriental, que apresentava carência de mão de obra e, em menor escala, em outros países do Leste Europeu. Mais do que enviar dinheiro para as famílias, o objetivo era treiná-los para as empresas que estavam sendo instaladas em Moçambique; mas a situação era difícil, pois a Renamo atuava em conjunto com comandos rodesianos, destruindo estradas, ferrovias e oleodutos e dispersando os camponeses – o que arrasou a agricultura e formou bandos de refugiados.

A partir do III Congresso da Frelimo institui-se um programa socialista. A política interna do partido único foi a nacionalização do ensino, da assistência médica, de bancos estrangeiros e de empresas transnacionais. Externamente, adotou-se uma política de apoio aos movimentos de libertação no resto da África; no entanto, África do Sul, Rodésia e Malauí apoiaram a Renamo, gerando um conflito armado. As incursões rodesianas, e depois sul-africanas, causaram danos imensos, e combinando o conflito interno com os ataques vizinhos, o governo teve de fazer frente a graves dificuldades econômicas.

A guerra civil moçambicana, iniciada pouco tempo após a guerra de independência, levaria o país à beira do colapso pela destruição que ela iria provocar. Ela seria fruto de uma mescla de fatores internos e externos, sendo incentivada principalmente pela reação às políticas do governo e pela situação que se configurava no sul da África ao final dos anos 1970. Para entender como a situação moçambicana chegou a tal ponto, é preciso analisar as ações do governo desde que assumiu o poder, assim como as relações estabelecidas com outros países, em especial a Rodésia e a África do Sul.

O fim da guerra de independência e a assinatura do Acordo de Lukasa haviam transferido o poder incondicionalmente à Frelimo, considerada como a única representante do nacionalismo moçambicano. A rapidez com que se deu o processo de instalação do novo poder permitiu, em curto prazo, que o partido pudesse evitar o surgimento de grupos de oposição capazes de contestar sua tomada de poder. O fim do conflito, em 1974, levaria à constituição de um governo cujo poder não havia sido legitimado em nenhum pleito eleitoral. Aliado a isso, a Frelimo passou a adotar uma série de políticas que serviriam para alienar parte da população, ao mesmo tempo em que aumentava a repressão aos opositores do seu governo. Evidentemente, não existia em Moçambique nenhum grupo político opositor oficializado, sendo apenas os membros da Frelimo os autorizados a concorrer nas eleições.

Além da complexa situação interna do país, os acontecimentos nos países vizinhos viriam a influenciar a guerra civil moçambicana, principalmente pela postura adotada pela Frelimo em relação à política interna dos dois regimes racistas vizinhos. Conforme Newitt, "a liderança [da Frelimo] parecia acreditar que podia apoiar a causa nacionalista africana na Rodésia e na África do Sul sem graves consequências para si mesma" (Chabal, 2002, p.207). Desde o primeiro momento, o presidente Samora Machel havia declarado seu apoio ao estabelecimento de governos de maioria negra nesses países, então governados por uma minoria branca. Isso levou a Rodésia e a África do Sul a apoiarem o grupo oposicionista Renamo, que enfrentaria a Frelimo numa sangrenta e brutal guerra civil.

A guerra civil em Moçambique e na Rodésia/Zimbábue

O surgimento da Renamo está intimamente associado ao estremecimento das relações diplomáticas entre Moçambique e Rodésia após a independência. Às declarações de apoio à população negra do país vizinho, feitas pelo governo moçambicano, foram acrescentadas sanções efetivas a partir de 1976, que incluíam o fechamento das fronteiras e o apoio ao ZANU, grupo guerrilheiro que lutava contra o regime racista de Ian Smith na Rodésia, permitindo a instalação de bases em território moçambicano.

Essa atitude enfureceu o governo rodesiano, que utilizava os oleodutos, ferrovias e portos de Moçambique para suas exportações e importações; assim, desde 1976, a Rodésia começou a retaliar Moçambique, apoiando a formação da Renamo, um grupo composto por exilados negros moçambicanos. Por outro lado, a economia moçambicana, que já se encontrava abalada pela fuga dos portugueses e pela introdução de políticas socialistas, veio a sofrer um duro golpe: por sua fragilidade, o país fora quem mais perdera economicamente com os portos paralisados, com o desaparecimento dos turistas e com os custos financeiros e danos causados pela guerra.

Com a criação desse grupo, a guerra civil em Moçambique teve início, em 1977. Apesar de já estar protagonizando ataques no interior do país no ano de 1978, a Renamo só passou a ser considerada uma ameaça importante pela Frelimo na década de 1980. Essa mudança de perspectiva por parte do governo moçambicano pode ser parcialmente explicada pelos acontecimentos na Rodésia e na África do Sul.

Com o impasse militar e o desgaste do regime racista rodesiano – que em 1965 havia proclamado a independência unilateralmente – a Rodésia aceitou a mediação da Inglaterra, retornando formalmente ao *status* colonial em 1980. Através do Acordo de Lancaster House, ocorreram eleições, patrocinadas e controladas pela Grã-Bretanha, sendo eleito presidente o marxista Robert Mugabe, da ZANU, que formou um governo de coalizão com a ZAPU. Mugabe teve que oferecer garantias aos brancos e a suas empresas, os quais permaneceram no país, mantendo a prosperidade do mesmo, evitando a caótica debandada de quadros qualificados e capitais, que em Angola e Moçambique deixaram a economia em situação desastrosa.

A estabilidade econômica permitiu, ainda, o encaminhamento de reformas pontuais favoráveis à maioria negra, mas a questão da propriedade rural que continuou concentrada nas mãos dos brancos representou um bloqueio (garantido pela constituição pactuada), que três décadas depois faria eclodir nova tensão interna e externa. O país adotou a denominação africana de Zimbábue. A ascensão de um governo africano e marxista deixou a África do Sul isolada na região, levando este país a castigar os vizinhos com frequentes *raids* de comandos, sabotagens e atentados. O Zimbábue e os vizinhos, que davam acolhida ao ANC e à SWAPO, eram igualmente vítimas de constantes ataques sul-africanos.

Como reação a essa situação, o passo seguinte foi a criação da SADCC em setembro de 1980, que congregava os seis países da Linha de Frente (uma organização política integrada pela Tanzânia, Zâmbia, Moçambique e Angola para fazer frente aos regimes racistas), mais Botsuana, Lesoto, Suazilândia e Malauí, tendo ainda como observadores o Zaire e os movimentos de libertação SWAPO e ANC. Essa organização procurou coordenar uma nova divisão do trabalho, atrair investimentos e ajuda externa, criar uma infraestrutura de transporte e energia, além de incrementar o comércio e a cooperação entre os vizinhos da África do Sul, como forma de superar a dependência face este país.

Se é verdade que as possibilidades econômicas dos membros da SADCC eram limitadas frente ao poderio sul-africano, também é verdade que ela privava Pretória de seu *hinterland* econômico. Ao cabo de alguns anos, a situação dos regimes negros era quase insustentável, mas a da África do Sul também era precária.

A ALIANÇA COM O BLOCO SOVIÉTICO E A REAÇÃO SUL-
-AFRICANA

Assim como ocorria em Angola, o governo de Moçambique era apoiado por assessores militares e civis cubanos, soviéticos e, sobretudo, alemães orientais, mas não com tropas de combate, como no caso angolano e etíope. Ambos os países lusófonos, apesar da cooperação existente com o campo soviético, mantiveram relações econômicas essencialmente voltadas para o Ocidente, inclusive África do Sul, devido à impossibilidade de emancipar a produção e o comércio exterior das estruturas herdadas do colonialismo e ao limitado volume de ajuda econômica pelo Comecon, bem como pela necessidade de evitar o completo isolamento diplomático desses países. Essa postura era tanto desejada pelo Kremlin como pelos novos países que, apesar de aliados de Moscou, jamais permitiram a instalação de bases navais soviéticas, aceitando apenas a escala da esquadra deste país. Os próprios Estados clientes mantinham sua autonomia política, apesar de necessitarem da ajuda militar, especialmente no caso de Angola.

O clima otimista da Frelimo, devido à vitória da ZANU no Zimbábue, logo foi quebrado, pois a Renamo passaria a contar com a ajuda da África do Sul para continuar suas ações armadas, um país muito mais forte do que a antiga Rodésia. O conflito moçambicano foi intensificado, até que negociações entre Moçambique e África do Sul diminuíssem o potencial de combate da Renamo.

Até o começo dos anos 1980, a África do Sul não tinha dado grande importância à presença de membros do ANC em Moçambique; o governo sul-africano estava mais preocupado em conquistar amigos no sul e centro do continente para criar a chamada Constelação de Estados, que fossem caudatários de sua economia e mantivessem um *modus vivendi* aceitável. No entanto, com a saída do primeiro-ministro John Vorster e sua substituição por Peter Botha, a África do Sul passou a adotar uma linha dura para com os apoiadores externos do ANC, que utilizavam o território moçambicano para se infiltrar na África do Sul e promover sabotagens à infraestrutura.

Com apoio sul-africano, a Renamo surgiu renovada, contando com mais material e buscando colaboradores no exterior. Os ataques, agora chefiados pelo novo líder, Afonso Dhlakama, foram intensificados e tinham como objetivo interromper o sistema de comunicações moçambicano. As ações da Renamo eram extremamente brutais, incluindo ataques e massacres à população do país, criando situação semelhante a que seria vista em outros países da África, como Serra Leoa e Libéria, em época posterior. Essa fase durou três anos, entre 1980 e 1983, período em que a infraestrutura do Estado foi gravemente danificada pelas ofensivas do grupo rebelde. O Zimbábue chegou a enviar tropas para manter operando a ferrovia e o oleoduto que cortava Moçambique, garantindo seus suprimentos.

A onda de violência que havia tomado conta de Moçambique estava trazendo consequências nefastas para o país, o que, em conjunto, somando-se as falhas nas políticas governamentais e desastres naturais, empobreceu ainda mais a população e produziu levas de refugiados e deslocados internos rumo às cidades. Essa conjunção de fatores estava levando à desintegração do Estado criado pela Frelimo, uma situação que o governo buscou combater. As dificuldades enfrentadas só foram atenuadas com a assinatura do Acordo de Nkomati entre Moçambique e África do Sul em 1984, numa série de negociações entre os dois países. É importante ressaltar que o jovem exército do novo Estado teve de arcar sozinho com o ônus militar, diferentemente de Angola, que contava com apoio cubano.

Esse acordo de não agressão estabeleceu que ambos os Estados deveriam interromper o apoio militar aos movimentos oposicionistas no território do outro. A África do Sul encerrou seu apoio formal à Renamo, apesar de seus militares ainda fornecerem ajuda de maneira encoberta ao grupo. Sob os auspícios desse acordo, uma tentativa de cessar-fogo foi introduzida pela África do Sul – a Declaração de Pretória –, mas não obteve êxito pela negativa da Frelimo de realizar eleições para um novo governo. Mas Moçambique teve de cortar seu apoio ao ANC e obrigar o movimento a se estabelecer em países mais afastados.

A DIPLOMACIA DA FRELIMO E DA RENAMO APÓS NKOMATI

Ainda que o acordo entre sul-africanos e moçambicanos tenha tido algum efeito, a guerra civil em Moçambique ainda iria se estender até 1992. Já em 1983, ambos os lados começaram a modificar suas estratégias para obter mais apoio doméstico e internacional para a realização de seus objetivos. A Frelimo, por sua parte, resolveu iniciar uma reforma econômica para reverter os efeitos que suas políticas haviam tido sobre a economia e conquistar o apoio da população. Os esforços internacionais da Frelimo basearam-se na criação de uma nova imagem para o partido, que fosse aceitável aos países Ocidentais e favorecesse a obtenção de ajuda emergencial e investimentos – o que seria feito a partir de contatos remanescentes, como os estabelecidos com a Grã-Bretanha. Para combater ideologicamente a Renamo, o governo a acusava de ser um grupo formado por bandidos que não contavam com apoio popular, uma imagem que a Renamo tentou mudar com suas novas estratégias.

A Renamo também buscou apoio de grupos no exterior, encontrando-o principalmente entre igrejas e religiosos norte-americanos, sul-africanos e europeus, que não gostavam das políticas aplicadas pelo governo. A maior transformação da Renamo ocorreu internamente, quando o grupo percebeu que precisaria ganhar a simpatia da população se quisesse conquistar o poder, simpatia essa que também era necessária para dar continuidade às operações do grupo dentro de Moçambique, uma vez que o recuo sul-africano havia obrigado a Renamo a realocar parte de suas bases dentro do país. Assim sendo, o grupo se remodelou e passou a construir alianças com os setores da sociedade excluídos ou negligenciados pela Frelimo por representarem, alegadamente, os interesses do antigo regime colonial. Isso significava liberdade religiosa e a recuperação do papel de destaque das lideranças tradicionais.

Enquanto os dois lados reviam suas posições, a guerra civil continuava. A Frelimo buscava o apoio de Tanzânia, Zimbábue e Malauí para continuar o esforço militar, tentando forçá-los a não servir de refúgio para os rebeldes da Renamo. O esforço mostrou resultados em 1986, mas não foi suficiente para impedir que a Renamo conquistasse mais território dentro do país. Dessa forma, enquanto a Frelimo perdia espaço e o controle de diversas regiões, a Renamo expandiu seu domínio sobre as províncias de Nampula, Zambesia, Manica e Sofala, de modo que a Frelimo só conseguia governar efetivamente a capital, o litoral, as grandes cidades e algumas regiões menores. Ao perceber que suas ofensivas não estavam sendo eficientes, o governo moçambicano resolveu formar milícias locais de agricultores, o que não se mostrou muito eficaz. Esse mesmo ano também viu a substituição do presidente Samora Machel por Joaquim Chissano, após a morte do primeiro com a queda de seu avião quando sobrevoava o espaço aéreo sul-africano. Até hoje as circunstâncias não foram aclaradas, havendo forte probabilidade que tenha sido abatido pela África do Sul.

O IV Congresso do partido deu início à alteração de rumo do governo moçambicano. Depois da seca devastadora de 1984, que agravou a escassez de alimentos, e dos ataques rebeldes ao sistema de comercialização rural, apoiados pela África do Sul, mesmo após o Tratado de Não Agressão entre os dois países, eram necessárias mudanças. Joaquim Chissano iniciou conversações de paz com a Renamo e um processo de abertura política. Aliás, a inflexão por parte da Frelimo já iniciara anteriormente, pois em 1983 Samora Machel visitou países da Europa Ocidental e, em 1985, foi recebido por Reagan em Washington. Moçambique necessitava, com urgência, de apoio financeiro e comercial.

Joaquim Chissano aprofundou tal linha quando ascendeu ao poder em 1986. Como a ajuda econômica soviética era insuficiente e Gorbachov dava sinais de buscar um desengajamento, o novo presidente deu início à transição do socialismo ao capitalismo, através da reinserção nos organismos financeiros internacionais, como o FMI. A simpatia de Reagan e Thatcher por Samora tornou-se ainda maior em relação à Chissano (a Inglaterra, inclusive, iniciou um programa de treinamento militar do exército). O programa de transição gradual ao mercado incluía a privatização das estatais, que acabaram nas mãos de ministros da Frelimo.

REGIME SOCIALISTA: POLÍTICA, ECONOMIA E SOCIEDADE
O ESTADO E O REGIME POLÍTICO

Com a independência instalou-se um sistema unipartidário, como lembra Newitt:

> a Frelimo é o único partido político em Moçambique e seu Departamento Político é o corpo político mais importante do

país. De acordo com a Constituição adotada na independência, o presidente do Frelimo automaticamente torna-se presidente do país (Chabal, 2002, p.63).

Ou seja, o partido é "constitucionalmente supremo". O presidente da República, o primeiro-ministro e o presidente da Assembleia Nacional Popular eram os três mais importantes membros da estrutura de poder. A Assembleia Popular possuía 250 membros e a função principal, formalmente, era de legislar e fiscalizar o aparato governamental e a implementação de políticas definidas pelo Partido.

Além disso, foram instituídas assembleias populares em nível regional, estimulando a participação popular. Bertil Egerö (1987, p.86, apud Newitt, 2002), em seu estudo sobre a Assembleia Popular, considerou importante diferenciá-la do conceito tradicional de representação, visto que, antes de instituir a eleição direta de representantes de certos grupos de interesse, era preciso modificar a herança colonial; e para isso era necessário "mobilizar as pessoas numa diferente forma de participação que não uma submissão passiva a ordens não explicadas ou justificadas".

A proximidade entre a Assembleia Nacional Popular e o governo facilitava certa participação democrática e o auxílio da primeira para o bom funcionamento do segundo. Egerö enfatiza a importância da Comissão Permanente da Assembleia, que é a base para o seu funcionamento, além de "dirigir por lei os demais órgãos do Estado" e, por isso, ser detentora de um grande poder. Ainda segundo o autor,

> todo o sistema é governado pelo conceito leninista tradicional de "centralismo democrático", sob o qual as decisões são tomadas centralmente, porém devem refletir as visões e interesses daqueles abaixo (1987, p.70, apud Newitt, 2002).

Outras organizações políticas importantes eram as organizações democráticas de massa – como a Organização de

Trabalhadores Moçambicanos, a Organização Moçambicana de Mulheres e a Organização da Juventude Moçambicana –, e as organizações socioprofissionais e não sindicais. Como em qualquer regime socialista, a mobilização de grupos marginalizados na sociedade pré-revolucionária configurava-se como sendo algo de importância estratégica. Dentro da estrutura patriarcal existente, tanto na cultura africana tradicional como na herdada do salazarismo português entre os segmentos ocidentalizados, propiciar a emancipação da mulher e dos jovens significava obter mais apoio político para o regime.

No tocante à religião, a Constituição determinava a separação entre Estado e religião; ou seja, Moçambique possuía um regime laico. A Frelimo ressentia-se da Igreja Católica, pois os clérigos haviam sido, durante a luta de libertação, majoritariamente a favor do regime colonial português. Mas a Igreja era influente e, com o aumento das dificuldades no país, era necessário algum tipo de acomodação. No final de 1982, os líderes do Frelimo estabeleceram um diálogo com líderes das organizações cristãs e muçulmanas, na tentativa de eliminar as divergências entre eles.

A política externa e militar da Revolução Moçambicana

A política exterior moçambicana era, oficialmente, de não alinhamento, porém mais próxima da URSS, conforme explicado em uma entrevista do presidente Joaquim Alberto Chissano:

> A porta estava aberta para o mundo inteiro participar no apoio a Moçambique durante a luta por libertação, e nossa visão sempre foi a de cooperação com o mundo todo na base de objetivos comuns. [...] Nós atingimos nosso principal objetivo e, portanto, não tínhamos rixa com ninguém. As relações com países socialistas foram imediatamente continuadas porque durante a luta eles nos apoiaram em outras maneiras, militar ou humanitariamente, e isso simplesmente continuou. [...] Quando eu falo do Ocidente, preciso dizer que eu excluo alguns países

que sempre cooperaram conosco, como os países nórdicos e a Holanda. [...] Nós obtivemos algum sucesso em alguns países começando com a Itália e mais tarde a França, e bem mais tarde a Grã-Bretanha, e hoje nós vemos os Estados Unidos da América vindos como quarto – isso desde 1983 (Chissano, 1989, p.72).

Mesmo recebendo ajuda dos soviéticos, Moçambique não foi aceito como membro do Comecon em 1981, com a justificativa que a URSS não estava preparada para subsidiar o país tanto quanto estava fazendo por Cuba e pelo Vietnã. Isso representou um duro golpe para as esperanças moçambicanas de ajuda soviética, pois, além de a justificativa ser verdadeira, a situação da economia e do regime era precária e Moscou também se ressentia da não autorização para a instalação de bases em portos moçambicanos. Por fim, um envolvimento militar maior implicaria um confronto direto com a África do Sul, numa situação bem diferente da de Angola, onde a defesa da soberania era o que estava em jogo. Mas, a bem da verdade, a Alemanha Oriental desenvolveu uma cooperação intensa, assessorando econômica e militarmente a Frelimo e recebendo milhares de trabalhadores e estudantes moçambicanos. Em 1982, o país africano começou a cortejar países ocidentais para obter apoio capital e político, inclusive buscando se aproximar dos Estados Unidos.

Militarmente, a guerrilha da Frelimo transformou-se em exército regular após a independência – basicamente com material bélico soviético. Porém, a força e capacidade de combate do novo exército revelaram-se insuficientes para defender um território tão vasto, e Moçambique passou a depender de milícias locais, além de tropas da Tanzânia (e principalmente do Zimbábue) em zonas específicas. Além de assistência e treinamento da URSS, Cuba, Coreia do Norte e Alemanha Oriental, Grã-Bretanha, França e Espanha, também viriam a colaborar. As forças armadas de Moçambique eram estimadas em 30 mil soldados em fins da década de 1980.

Torp aponta três erros decorrentes da abordagem militar do governo Frelimo: 1) camponeses forçados a viver em aldeias comunitárias; 2) pessoas sem trabalho apropriado eram expulsas das cidades e, muitas vezes, enviadas para lugares distantes (Operação de Produção); 3) homens eram obrigados a alistar-se no exército de uma maneira aleatória (Operação Tira Camisa) (Torp, 1989, p.26). Além desses problemas, o sistema judiciário Moçambicano não funcionava adequadamente, gerando insegurança por injustiças como violações dos direitos políticos, como a perseguição aos críticos da Frelimo e acusações falsas utilizadas como tática contra os adversários.

As políticas sociais da Frelimo

Segundo o censo de 1980, 84% da população ativa trabalhava na agricultura e 5% em indústrias e energia. O deslocamento dos trabalhadores migrantes, as secas e o conflito armado aumentavam o problema do desemprego. A discriminação por parte dos portugueses no período colonial era observada na questão dos salários, muito menores para os trabalhadores africanos. Para reverter essa situação, o governo da Frelimo estabeleceu níveis mínimos de salário:

> No período logo antes da independência, grandes aumentos de salários [...] foram concedidos. Isso resultou, em alguns casos, de greves bem-sucedidas; em outros casos, de gerentes que precisavam manter seus trabalhadores quietos enquanto se preparavam para levar eles mesmos o dinheiro para o exterior [...] (Torp, 1989, p.85).

Ainda conforme Torp, no campo educacional, o Programa da Frelimo (1977) buscava garantir que a educação fosse acessível a todos os níveis (através do desenvolvimento do sistema educacional), para que se tornasse uma ferramenta para desenvolvimento social e econômico. Para tanto, buscava transformar as escolas numa base revolucionária ativa na sociedade, garantindo que o ensino estivesse ligado à produção e a teoria à prática, intensificando o treinamento revolucionário político e ideológico de professores e estudantes (1989, p.87).

Após a independência, todas as instituições educacionais privadas passaram às mãos do Estado. O principal esforço durante os primeiros anos foi direcionado em transformar o sistema, reconstituindo a equipe de professores da escola secundária (cuja maioria havia deixado o país com a independência), modificar os livros didáticos e o currículo e democratizar as escolas. Políticas foram instituídas nesse sentido, além da atenção especial dedicada ao treinamento vocacional e a alfabetização de adultos.

Segundo Torp,

> um novo sistema educacional foi aprovado pela Assembleia Popular em dezembro de 1981 e foi introduzido gradualmente desde 1983. O novo sistema é dividido em cinco subsistemas: educação geral, treinamento vocacional e educação técnica, educação de adultos, treinamento de professores e educação universitária (1989, p.88).

O número de crianças e o índice de alfabetização aumentaram, apesar de ainda não serem ideais e de ainda existir escassez de profissionais qualificados. É importante lembrar que a guerra e a ação da Renamo prejudicavam o desenvolvimento da educação no país, com constantes ataques às escolas do interior.

No campo da saúde, a mortalidade infantil era alta (aproximadamente 150 mortes a cada mil crianças nascidas) e a expectativa de vida muito baixa (40 anos ao nascer). Muitas doenças eram atribuídas à desnutrição e à falta de higiene, sendo a malária a principal enfermidade. Após a independência, nos centros de saúde a abordagem adotada foi de medicina preventiva, contrariando as políticas usuais do Terceiro Mundo. Alguns dos principais objetivos eram campanhas de vacinação, planejamento familiar, estabelecimento de uma indústria farmacêutica e elevação da média de leitos por paciente.

Foram instaurados, em nível comunitário, postos de saúde rurais e centros de saúde para fornecer atendimento primário, além de instalações especializadas de tratamento em menor número. Embora as médias nacionais evoluíssem para um resultado satisfatório, elas não refletiam a realidade do país, devido à grande desigualdade da localização dos serviços de saúde. No que se refere a trabalhadores qualificados em geral, o número de médicos também diminuiu após a independência, e o governo passou a dar prioridade ao treinamento de profissionais da saúde, além de nutricionistas. O número de profissionais e de instalações de saúde aumentou com as políticas governamentais nos anos 1980, porém não o suficiente para fornecer tratamento adequado para toda a população. Além disso, muito da estrutura de saúde foi destruída pela Renamo.

As políticas econômicas do regime

Nos anos imediatamente posteriores à independência, a Frelimo não havia manifestado explicitamente a intenção de implementar um governo de cunho socialista em Moçambique. Na época em que assumiu o poder, sua maior preocupação era erradicar a sujeição econômica externa e acabar com a herança colonial dentro do país. O pensamento do governo moçambicano estava baseado nas ideias expressas pelo Movimento dos Países Não Alinhados e pelo Terceiro Mundo em geral que, através de iniciativas como a Nova Ordem Econômica Internacional (NOEI), buscava fortalecer a posição dos países periféricos no sistema econômico internacional.

Com base nas ideias apresentadas por essas iniciativas, a Frelimo considerou necessário acabar com a dependência econômica moçambicana em relação a outros países – principalmente Portugal, África do Sul e Rodésia. Para colocar este objetivo em prática, o partido adotou um planejamento econômico centralizado e procedeu a nacionalizações das propriedades privadas em seu território como forma de se tornar verdadeiramente independente e de evitar o desmoronamento da economia, fragilizada durante o governo de transição (1974-75).

Para erradicar a herança colonial, uma das principais medidas adotadas pela Frelimo foi a reestruturação do modo de vida tradicional das comunidades rurais, vista como um dos mecanismos utilizados pelos portugueses para exercer sua dominação sobre o território. Isso também era parte do plano de modernização de Moçambique, que buscava reformar o direito costumeiro – aplicado no interior do país – e garantir o acesso da população a serviços de saúde e educação. No entanto, essas medidas se mostrariam controversas nos anos posteriores, pois a estratégia abrangente da Frelimo ignorou o fato de que a organização tradicional da sociedade já existia previamente à colonização portuguesa.

Buscando dar continuidade ao seu projeto, o governo adotou uma política de aldeamentos, que consistia na formação de vilas e distritos rurais para abrigar as comunidades rurais. A construção dessa nova estrutura facilitaria o acesso a serviços e afastaria a população do comando das lideranças tradicionais. A implementação dessas novas estruturas implicava na substituição dos líderes tradicionais por membros do partido. Esse passo fazia parte do objetivo da Frelimo de centralizar cada vez mais o controle sobre o país.

A política para a agricultura dava-se conforme dois princípios interligados: as "aldeias comunitárias" e a modernização da agricultura. Ambos combinavam as ideias de cooperação e concentração de pessoal. Na indústria, a necessidade de participação dos trabalhadores passou a ser enfatizada, e os setores de maior enfoque foram a indústria pesada – carvão, alumínio, ferro, aço e, mais tarde, indústrias químicas e baseadas em petróleo – e a de bens de consumo popular ou necessidades básicas (Torp, 1989, p.34).

Apesar das medidas nacionalizantes e centralizadoras de poder, uma posição marxista-leninista só foi adotada em 1977, ano em que foi realizado o III Congresso do Partido. A partir desse momento, a Frelimo endureceu ainda mais seu controle sobre o país, restringindo as possibilidades de candidatura das pessoas a membro do partido. Além disso, elementos da sociedade tidos como representativos do período colonial também não podiam se candidatar às eleições; obviamente, estes seriam os expoentes da oposição que enfrentaria o governo através da guerra civil. Para assegurar seu controle sobre a totalidade do território de forma rápida, o partido fundou a Iniciativa de Poder Popular que, entre outras coisas, envolvia os grupos dinamizadores que, por sua vez, eram responsáveis por incentivar a população a continuar produzindo para o bem da economia.

O regime socialista moçambicano traria diversas mudanças para a economia do país, alterando o cenário herdado do período colonial. Durante a dominação portuguesa, Moçambique atingiu um nível de diversificação considerável da pauta produtiva, especialmente se comparado com outras colônias africanas. No entanto, as novas diretrizes governamentais que seguiram o posicionamento marxista-leninista da Frelimo, demandavam um controle central sobre os investimentos, sobre as divisas externas e sobre a alocação do superávit produtivo em setores menos favorecidos. A partir dessas medidas, seria possível gerar internamente o capital a ser aplicado no país, eliminando a dependência em relação ao capital externo.

Em 1978, o Plano Econômico Nacional sistematizou a reforma econômica moçambicana e, conforme estipulado no Plano, o governo daria prioridade aos setores de saúde e educação. Buscando constantemente a modernização do país, o governo de Moçambique via na indústria o seu bastião para o desenvolvimento, contribuindo também para eliminar a necessidade de importar produtos industrializados. Os investimentos nesse setor deveriam ser iguais aos empregados nas fazendas estatais, áreas formadas principalmente pela nacionalização das *plantations* e pelos antigos colonatos, através dos quais uma agricultura intensiva em tecnologia deveria se desenvolver. No começo dos anos 1980, Moçambique experimentou uma relativa recuperação econômica, pautada, contudo, no sucesso do CAIL, a maior fazenda estatal do país.

Os demais setores da economia não estavam apresentando resultados favoráveis, como mostra a queda da produção industrial de 48 bilhões de meticais para 15 bilhões entre os anos de 1973 e 1985. Isso contrariava as expectativas do governo, demonstrando erros de cálculo em sua estratégia, e a parcela da população mais prejudicada por essas diretrizes administrativas acabou sendo a dos produtores agrícolas.

Segundo Newitt, isso seria explicado pela união de dois eixos do plano econômico do governo, pois

> após a independência, restrições governamentais sobre divisas externas começaram a limitar o abastecimento de bens de consumo para lojas rurais e os agricultores responderam com o corte em sua produção (2002, p.204),

uma vez que esses bens eram trocados por produtos agrícolas. Além disso, o setor não era objeto de investimentos adequados por parte do regime, que priorizava as fazendas estatais. Essa situação foi acentuada pelos desastres naturais que ocorreram entre o ano da independência e em 1983, quando Moçambique passou a depender de ajuda humanitária para alimentar seus cidadãos.

O contexto internacional da época também viria a dificultar a obtenção de resultados positivos por parte da economia de Moçambique, principalmente no que diz respeito à obtenção de divisas estrangeiras e ajuda internacional. Os potenciais aliados que poderiam se tornar doadores, em especial os Estados Unidos, a África do Sul e a Rodésia, começaram a se afastar do país, pois a Frelimo havia declarado com convicção sua postura marxista-leninista e seu não alinhamento, tudo isso no contexto da Guerra Fria. O país ainda esperava a colaboração do bloco soviético, o que acabou não se concretizando em ajuda financeira, apesar da assinatura de um tratado de amizade em 1977.

A relação com a África do Sul e a Rodésia teve mais impactos negativos para a economia moçambicana. Os prejuízos foram expressivos na obtenção de divisas externas, que tinham fontes importantes na renda dos emigrados e no turismo. No caso da África do Sul, o motivo foi a redução no efetivo de trabalhadores moçambicanos empregados nas minas Rand. Ao adotar sanções contra a Rodésia, por discordar de sua política interna, Moçambique eliminou uma fonte de receitas para seu governo, rendimentos que vinham principalmente dos oleodutos, do uso do porto e do turismo.

As decisões tomadas pelo governo desde que assumiu o poder em Moçambique não tardariam a criar tensões dentro da sociedade. A população rural se via prejudicada pela política de aldeamento e pela política de investimento nas fazendas estatais. O descontentamento atingia todos os grupos sociais excluídos, fossem eles proprietários, antigos membros da polícia colonial, líderes tradicionais ou líderes religiosos.

No momento da independência, "Moçambique era um dos oito países mais industrializados da África, e aproximadamente dois terços da produção industrial total [...] era vendida no mercado doméstico" (Torp, 1989, p.41). O setor industrial possuía algumas ligações com o setor agrícola, mas não entre as indústrias. Além disso, existia uma concentração desigual nas indústrias tanto quantitativa quanto geograficamente.

O colapso gerado pela emigração em massa de portugueses no país foi seguido por um breve momento de recuperação, que pode ser em parte creditado à encampação pelo Estado de certas indústrias abandonadas. Porém, no período de 1981-86 aconteceu novamente um declínio. Conforme Torp,

> foi um dos maiores erros do programa de ação dar prioridade à construção de um grande número de novos projetos numa situação em que nem trocas estrangeiras nem materiais brutos domésticos estavam disponíveis para utilizar plenamente o já existente setor manufatureiro (1989, p.44).

As atividades de transporte declinaram significantemente no período com um grande impacto na balança de pagamentos. Uma reorientação da exportação de bens rodesianos e sul-africanos ocorreu em direção aos portos da África do Sul, devido à ação destruidora da Renamo.

O nível de desemprego e subemprego aumentou significantemente no período graças à estagnação e à concentração de pessoas nas grandes cidades; além disso, a inflação estava alta, devido ao "excesso de estoque de dinheiro somado à falta de estoque de bens" (Torp, 1989, p.45). A pressão para aumento dos valores dos produtos, no entanto, não teve efeito direto nos preços determinados pelo Estado, gerando mercados paralelos com custos muito superiores. Dessa forma, acabou sendo implementada, em 1981, uma rígida política salarial. No período seguinte, no entanto, a inflação gerou a diminuição dos salários reais, sem aumentos significativos nos salários nominais.

As reformas econômicas

Em 1983, frente a um Estado à beira do colapso e sofrendo enormemente com as consequências da guerra civil, a Frelimo decidiu mudar sua estratégia econômica para conter a derrocada moçambicana. No IV Congresso do Partido, a Frelimo contemplou a necessidade de redirecionar os investimentos no setor agrícola em benefício das propriedades familiares e das cooperativas, além de aumentar a produção dos bens de consumo. Essas medidas, no entanto, não surtiriam o efeito esperado, de modo que o governo teve que preparar outras mudanças ao longo dos anos.

Mackintosh e Wuyts acreditavam que o principal problema econômico moçambicano não era a balança de pagamentos – que se manteve estável até 1980 devido aos lucros obtidos com remessas de remuneração do trabalho moçambicano nas minas de ouro sul-africanas –, mas a baixa produtividade e organização da estrutura já existente (apud Torp, 1989, p.33). Sem conseguir financiamento internacional e com os problemas econômicos se agravando, o enfoque político evolui do objetivo de um grande salto para mudanças práticas graduais. As sanções da ONU à Rodésia foram fatores agravantes exógenos, que prejudicaram os rendimentos do sistema de transporte; a redução do número de imigrantes da África do Sul, que dificultou as remessas e a ação das guerrilhas Renamo, as quais geravam insegurança e destruição. Mas também, há fatores agravantes endógenos, como o forte controle centralizado, preços fixados artificialmente, câmbio excessivamente valorizado, fazendas estatais mal administradas e a política de não restauração das indústrias e das redes de transporte já existente, preferindo-se o investimento na criação de novas usinas.

Durante o período de declínio econômico (1981-86), a agricultura empregava 80% da população ativa e contribuía em, aproximadamente, 40-45% do valor bruto do PIB, sendo o norte a região agrícola mais importante. Nesse mesmo período houve um declínio geral da produção familiar, estatal, privada ou de cooperativa, com a exceção de "vegetais para o mercado urbano, [...] resultado do apoio dado aos produtores da 'zona verde' em volta das principais cidades" (Torp, 1989, p.40).

A arrecadação de impostos diminuíra desde o início de 1984, refletindo a recessão econômica. Os gastos governamentais aumentaram tanto em gastos fixos (especialmente no setor militar e no sistema educacional), como em investimentos em represas, portos, ferrovias, e telecomunicações. Deve ser enfatizado que a real situação financeira do Estado é muito mais séria do que o seu orçamento mostra. Até 1986, os déficits das empresas estatais foram cobertos pelo sistema bancário. No período, a

> expansão da liquidez [...] reflete primeiramente a expansão interna do crédito e, numa menor extensão, o desenvolvimento das reservas internacionais. O Estado tornou-se um importante devedor dos bancos (1989, p.47).

Marc Wuyts afirma que o empecilho para o desenvolvimento não era o desequilíbrio monetário imediatamente posterior à independência, mas o do período seguinte, no qual a centralização estatal dificultou maiores transformações econômicas e "levou a uma separação entre as economias oficiais e paralelas, com o campesinato localizado na última" (Wuyts apud Torp, 1989, p.48).

A crescente importância da ajuda estrangeira fez com que Andrade concluísse que Moçambique estava desenvolvendo uma "Economia de Ajuda".

> A partir de 1982 a redução de novos investimentos estrangeiros era notável e [...] o déficit total da balança de pagamentos era financiado quase inteiramente pela acumulação de pagamentos atrasados de dívida externa (Andrade, 1988, p.49).

Devido à inflação, o metical obteve uma valorização que comprometeu a competitividade dos produtos moçambicanos, prejudicando sua exportação e facilitando a importação de bens estrangeiros. "Em 1986, a taxa não oficial (mercado negro) de dólares americanos foi relatada como sendo quarenta vezes mais alta do que a taxa de câmbio oficial" (Torp, 1989, p.50).

A Frelimo começou, então, a se afastar progressivamente de sua postura marxista, postulando sua candidatura ao FMI em 1984. Dois anos mais tarde, Moçambique daria início a um programa de ajuste estrutural comandado pelo FMI e pelo Banco Mundial – o PRE – anunciado em 1987, e que apontava as principais alterações a serem feitas na economia moçambicana daquele momento em diante (o que incluía privatizações e liberalização do mercado de alimentos).

Idealizado pelo Banco Mundial, pelo Fundo Monetário Internacional, e pelo Governo de Moçambique, o Programa tinha como principais objetivos estimular a produção,

> reduzir substancialmente o desequilíbrio financeiro [...], aumentar a eficiência e estabelecer condições para o retorno a maiores níveis de crescimento econômico [...], reintegrar os mercados oficial e paralelo, e restaurar relações regulares com parceiros comerciais e com credores.

Para isso, reformas foram aplicadas no sentido de reduzir a centralização e a intervenção direta na economia, e "estabelecer ligações mais diretas entre salário e performance [...], além de melhorar a qualidade do planejamento" (Torp, 1989, p.50).

As medidas iniciais adotadas foram: desvalorização da moeda, para que esta refletisse o valor de mercado; corte de gastos para conter o déficit; diminuição do "número de [itens com] preços fixos e liberalização parcial das trocas; aumento dos investimentos [...]". O PRE era, assim, um programa tradicional baseado na "transferência de recursos e iniciativas do setor público para o privado" (Torp, 1989, p.53). O PRE não foi implantado em condições normais, devido ao estado de guerra, não alcançando os resultados esperados, especialmente em zonas afastadas, mais afetadas pelos conflitos, mas, apesar de não ter atingido os níveis pré-crise, o Programa restaurou o crescimento econômico, sobretudo nas principais cidades.

Os serviços sociais tiveram suas taxas aumentadas e os principais afetados pelo fardo social do PRE foram os moradores urbanos pobres, cujos salários mínimos eram incapazes de suprir as necessidades básicas para uma família. Como consequência, os trabalhadores já não podiam nem mesmo pagar pelas cestas de alimentos fornecidas pelo governo, crianças deixavam de ser matriculadas nas escolas por falta de dinheiro para pagar pelos livros, houve a diminuição de atendimentos de saúde e ocorria a locação de imóveis sem água corrente ou eletricidade.

Como resposta a esse problema, o Banco Mundial determinou uma série de programas para aliviar necessidades determinadas, como alocação de alimentos e distribuição de terra, compensações para os trabalhadores quando os preços subissem, programas de emprego, e auxílio para mulheres grávidas ou com crianças pequenas. O governo de Moçambique também tomou diversas medidas, como o aumento do salário mínimo e, em 1988, o Presidente Joaquim Chissano afirmou que em médio prazo, com a recuperação da economia, os custos sociais desapareceriam.

No ano de 1989, a Frelimo renunciou definitivamente a sua estrutura marxista-leninista e apresentou um projeto de revisão constitucional para responder à politização da Renamo e às mudanças no cenário internacional. Essas medidas foram implementadas em dezembro de 1990, alguns meses após o início das negociações de paz. Entre outras coisas, a Frelimo adotou o multipartidarismo, restabeleceu a propriedade privada, promoveu a separação dos poderes, introduzindo medidas liberal-democráticas no país pela primeira vez desde que assumira o poder.

O período socialista em Moçambique fora conturbado, principalmente pela guerra civil em que o país se viu preso desde o final dos anos 1970. Além disso, a conjunção de decisões governamentais, fatores naturais adversos e processos negativos no sistema internacional viriam a atrapalhar o desenvolvimento da economia e a melhoria das condições de vida da população. Segundo Newitt,

> a liderança da Frelimo tentou uma reconstrução radical da sociedade e da economia de Moçambique, num momento em que, como resultado de desastres naturais e do caos do processo de descolonização, a máquina do governo e a infraestrutura econômica do país estavam à beira do colapso, e quando o Sul da África estava prestes a entrar na tempestade geopolítica que marcou a fase final da Guerra Fria (1989, p.195).

Transição, pacificação e reconstrução
O processo de paz em Moçambique

O começo dos anos 1990 trouxe perspectivas de paz para Moçambique. Já em 1990, ambos os lados estavam enfraquecidos pelas consequências do conflito e pela seca que atingiu o país naquele ano. Além disso, os acontecimentos internacionais que marcaram o fim da década de 1980 também viriam a ter um impacto no fim da guerra civil moçambicana. Com o fim da Guerra Fria e frente às aspirações políticas da Renamo, a Frelimo precisou se reformular para não perder o poder; e o partido, nesse contexto, optou por abandonar a plataforma marxista-leninista e por promover mudanças na Constituição. Do lado da Renamo, o governo de Frederik de Klerk (que se tornou primeiro-ministro sul-africano em 1990) cortaria de vez o apoio militar fornecido ao grupo, reduzindo ainda mais sua capacidade ofensiva. Além disso, a situação em Angola também parecia promissora após a assinatura do Acordo de Bicesse (1991), e países como os Estados Unidos, Quênia e Zimbábue – que contribuíam militarmente para o conflito moçambicano – também manifestavam o desejo de pôr um fim à guerra civil.

Com o afastamento acelerado da URSS durante a *Perestroika* e o próprio colapso do socialismo na Europa, não havia alternativa senão negociar, buscando a sobrevivência da Frelimo. Em 1990, os cooperantes soviéticos, alemães orientais e cubanos retiraram-se do país e milhares de estudantes e trabalhadores que se encontravam no Leste Europeu retornaram, causando um grave problema social. O Acordo Geral de Paz, firmado em 1992, possibilitou a realização de uma transição pacífica destinada à construção de instituições liberal-democráticas, e foi o ponto de partida de uma década que se mostraria mais próspera para Moçambique.

Dos esforços de reconstrução resultaram as eleições de 1994, o primeiro pleito que legitimou popularmente o governo da Frelimo. Durante esse período, a ONU esteve extremamente ativa dentro do país; em primeiro lugar, ela queria garantir a desmobilização dos grupos armados e a desmilitarização de Moçambique para, depois, assegurar a provisão de bens e serviços à população, permitir o retorno de refugiados aos seus lares e realizar as eleições. Outro fato marcante foi a relação estabelecida com o FMI e com o Banco Mundial, que traria resultados controversos para o país.

Ao participar das negociações de paz, a Frelimo tentou evitar uma forte presença da ONU no país, com o objetivo de manter seu controle sobre Moçambique. A ONU, porém, já estava comprometida em colaborar para que o Acordo fosse posto em prática, e acabou tendo um papel muito mais influente na reconstrução do país do que o previsto durante as discussões. Temerosa de que uma participação mínima levasse Moçambique a retomar a guerra civil – como havia acontecido em Angola – a

Organização das Nações Unidas decidiu ter uma presença mais forte no país, organizando uma operação de paz, denominada Onumoz em 1993. Para Newitt,

> isso confirmou os maiores temores da Frelimo, que percebeu que a ONU estava, efetivamente, estabelecendo um governo paralelo no país, assegurando acesso a áreas da Renamo ainda barradas ao governo e, através de sua unidade técnica, distribuindo comida, bens de consumo e até estabelecendo serviços em várias partes do país (2002, p.223).

Moçambique pós-revolucionária

A desmobilização de ambos os lados foi finalizada em setembro de 1994, mesmo ano em que Moçambique teve as primeiras eleições multipartidárias desde sua independência. As eleições começaram a ser preparadas ainda em 1993, quando a ONU criou um fundo garantindo à Renamo a estrutura necessária para montar sua campanha eleitoral. O resultado das eleições consagrou a Frelimo, com 53,3% dos votos para o presidente Joaquim Chissano; Afonso Dhlakama obteve 33,7% dos votos. Interessante que Chissano foi assessorado por uma consultoria brasileira vinculada ao PT, a qual percebeu que a ampla rejeição à Frelimo não se aplicava a seu dirigente, e dessa forma, a campanha foi focada em sua figura e não no partido.

Já na Assembleia, a votação foi bem equilibrada: a Frelimo conquistou 44,3% dos votos, enquanto a Renamo arrebatou 37,8%. A votação seguiu a divisão territorial do período da guerra, com cada partido recebendo os votos dos grupos populacionais que controlavam desde antes do acordo de paz. As marcas expressivas alcançadas pela Renamo podem ser explicadas pelo esforço de politização que o grupo vinha fazendo desde 1986, conquistando simpatizantes nas áreas que dominava, além do apoio dos países ocidentais e da Igreja Católica, que pediram à população que votasse no novo partido (Newitt, 2002, p.225); com o fim das eleições, a ONU começou sua retirada do país.

Atualmente é interessante ver uma política neoliberal em Moçambique, enquanto as ruas e avenidas ainda ostentam nomes como Karl Marx, Lenin, Kim Il-Sung, Guerra Popular ou Patrice Lumumba. A Frelimo logrou manter-se no poder e, quando novas eleições foram realizadas em 1999, saiu novamente vitoriosa, conquistando 52,29% dos votos; a Renamo obteve 47,71%, o que mostra que a diferença entre os dois diminuiu em relação ao pleito de 1994. Na década seguinte Chissano completou seu mandato e a Frelimo logrou eleger o novo presidente, mostrando uma grande capacidade de renovação de quadros e a ausência de disputas internas fragmentadoras, ao contrário do MPLA, que se caracteriza pelo personalismo, continuísmo e disputas internas.

Em 1986, Moçambique, cujos vizinhos todos eram de língua inglesa, passou a fazer parte da *Commonwealth*, o que se explica pela colaboração dada ao grupo nas lutas de libertação da Rodésia e da África do Sul. Para não perder sua influência sobre o país, Portugal acelerou seus planos de criação da CPLP. A presença brasileira, superando as desavenças do passado, aumentou significativamente no país, especialmente com o governo Lula; a China, igualmente, retornou ao país em meados dos anos 1990, oferecendo a construção de prédios para que pudesse ocorrer a Cúpula da OUA, que Chissano desejava presidir. Jazidas de gás foram encontradas em Nhambane, sendo construído um gasoduto em direção à capital, e o turismo também tem sido incrementado.

3. A Revolução Etíope[1]

A sociedade imperial etíope

A Etiópia está localizada no nordeste da África, na região do Chifre Africano, sendo dividida geograficamente em planaltos ao norte e planícies ao sul. Todos os rios do país originam-se nos planaltos, sendo que muitos deles são tributários do Rio Nilo. A geografia sempre foi um fator importante no desenvolvimento da sociedade na Etiópia. Por um lado, as montanhas proporcionaram proteção contra invasores, permitindo que o país desenvolvesse seu sistema político-social em relativo isolamento, como lembra Schwab (1985, p.4); por outro, muitas regiões do país são inacessíveis, o que dificultou o controle central, fazendo com que centros provinciais ou locais de autoridade tenham emergido e dominado o campesinato local.

Destacam-se, dentre esses centros de poder, a Igreja Ortodoxa (grandes proprietários de terras), o islamismo (no norte) e a própria entidade familiar – com o patriarca masculino como principal autoridade. Até a revolução de 1974, havia pouco sentimento de nacionalidade em meio à população etíope, que se congregava fundamentalmente em torno de seu grupo étnico ou de sua crença religiosa – em especial a Igreja Ortodoxa da Etiópia ou o islamismo. A maioria da população vive no campo, em condições de subsistência, dependendo ainda de técnicas agrícolas primitivas, e a classe média – composta por burocratas urbanos – representava uma pequena minoria, assim como a classe governante – formada por proprietários de terras.

---
[1] Com a colaboração de Luíza Galiazzi Schneider, Mestre em Ciência Política pela UFRGS.

A história da Etiópia tem uma continuidade de mais de três milênios, passando por grandes impérios, tais como Axum, e por imperadores importantes, tais como Menelik II (1889-1913) e Hailé Selassié I (1930-74). Axum remonta à imigração dos semitas para a região no início do primeiro milênio a.C., e na mistura destes com o povo local, os Cuxitas. Esse reino tornou-se uma potência dominante na região do Mar Vermelho até o século VII d.C., quando entrou em conflito com o Islã. O cristianismo foi introduzido na região ao longo do século IV a.C., quando Axum se tornou um reino cristão. Em 1270, a Dinastia Salomônica estabeleceu-se na região de Shoa, o principal centro político do reino, e tinha sua legitimidade enraizada no mito de que seu primeiro rei, Menelik I, teria sido concebido pela Rainha de Sabá e pelo Rei de Jerusalém, Salomão e, dessa forma, elementos cristãos estavam fortemente incutidos na estrutura política e social estabelecida pela dinastia. A partir do reinado de Sahle Selassié (1813-47), o império etíope iniciou sua expansão, derrotando os Oromo e tomando territórios ao sul e ao oeste, tendo seu auge com Menelik II, que quase dobrou o território do império, estabelecendo fronteiras que se mantem até hoje (2011).

Nova expansão ocorreu durante o governo de Hailé Selassié. Em 1962, a Eritreia, ex-colônia italiana, considerada fundamental pelo imperador por permitir uma saída ao mar, foi absorvida pela Etiópia através de manobras políticas. Durante estes últimos anos do império, o governo etíope também se beneficiou amplamente da disputa entre as superpotências, Estados Unidos e URSS, para obter recursos que possibilitaram a extensão e a defesa de seus territórios. Assim, "através de uma combinação de carisma, patrimônio e feudalismo, Hailé Selassié manteve sua autoridade imperial" (Schwab, 1985, p.11); entretanto, rebeliões políticas que se instauraram a partir de 1967 levaram o regime imperial a um fim, derrubando Selassié e marcando o fim da autocracia feudal na Etiópia.

Atualmente, a população do país é composta por dois grupos principais: Semitas e Cuxitas. O primeiro é originário dos imigrantes provenientes da Arábia e é integrado principalmente pelas etnias Amhara, da região de Shoa, e Tigrai;[2] já o segundo é originário dos habitantes locais e é formado predominantemente pelo grupo étnico Oromo. Historicamente, o país foi dominado pelos Amhara de Shoa, os quais, juntos com outros Amhara e com os Tigrai, constituem um terço da população, vivendo nas províncias setentrionais. Tanto os Amhara como os Tigrai são cristãos ortodoxos e foram a força política dominante no país até a Revolução de 1974. O maior grupo étnico do país, contudo, são os Oromo, os quais vivem no sul do país e têm uma língua comum – a *Gallinya*. Os Oromo que vivem mais ao leste geralmente adotam a região muçulmana; já os Oromo do sudoeste são adeptos da Igreja Ortodoxa.

Segundo Schwab,

> apesar do fato de a Etiópia possuir uma cultura extremamente diversa, com uma ampla mistura de grupos étnicos e religiões, os Amhara e a Igreja Ortodoxa, juntos, controlaram a cultura política do país por séculos. Eles agiram em uníssono para fomentar uma política de imperialismo, incorporando vastos territórios ao reino e, tanto quanto possível, evitaram qualquer outro grupo de obter o poder (1985, p.7).

Dessa forma, eles não só mantiveram outros grupos étnicos sob seu controle, como também evitaram que países como Turquia, Portugal, Egito e Itália estabelecessem sua suserania sobre a Etiópia.

Revoltas, golpe militar e a opção socialista
O processo rumo à Revolução

Durante todo o período que precedeu a revolução de 1974, o feudalismo era o principal alicerce do sistema sociopolítico do país. A sociedade era estratificada entre ricos proprietários de terra e servos, estes últimos sem direito legal, político ou eco-

---

[2] Por uma convenção estabelecida pela literatura especializada, *Tigrai* refere-se à etnia estabelecida na região do Tigre.

nômico, sendo extremamente explorados pela classe dominante através da cobrança de altos impostos. A Igreja era uma das instituições mais poderosas do país, grande proprietária de terras e dispunha de uma série de privilégios do imperador, tais como a isenção de impostos reais para as suas terras, concomitante ao direito de arrecadação de impostos – pagos pelos servos – para sua acumulação. Portanto,

> o camponês, antes e sob o regime de Hailé Selassié, suportava o peso de sustentar quatro camadas do sistema sociopolítico: a elite proprietária de terras, a Igreja, o governo central e a família imperial (Schwab, 1985, p.9).

Em 1960, ocorreu uma tentativa fracassada de golpe contra Hailé Selassié, liderada por alguns elementos da Guarda Imperial, evento de extrema importância para a queda da monarquia na medida em que levou os militares (única entidade que foi capaz de conter o golpe) a se aperceberem do poder político que detinham. Dessa forma, a partir de 1961, o imperador passou a conceder aumentos de salário e outros benefícios às Forças Armadas, com o objetivo de mantê-las leais ao governo. Essas medidas, contudo, tiveram o efeito inverso, aumentando ainda mais a politização dos militares e suas pressões sobre o governo, no sentido de introduzir reformas políticas e econômicas no país. Tanto o imperador quanto os militares pareciam estar cientes de que as técnicas de controle sobre a população, utilizadas para manter o "regime feudal", já não funcionavam mais. De fato, o governo de Hailé Selassié não tinha mais nenhuma legitimidade, e apoiava-se agora apenas na força, tentando comprar o apoio do setor militar.

A consciência política das Forças Armadas ficou ainda mais aguçada face aos conflitos da Eritreia, onde havia se iniciado uma resistência desde a anexação, em 1962 (somando-se à rebelião de Gojjam, em 1967-68 – que se opunha a um programa de reforma agrária de 1967 que utilizava táticas políticas e militares).

Com metade de seu exército estacionado na Eritreia, confrontando os exércitos de libertação secessionistas, e com cerca de mil soldados utilizados para frear a rebelião de Gojjam, os militares tomaram consciência de que não estavam apenas defendendo a estrutura política, mas todo o tecido feudal da Etiópia.

Assim,

> junto com o golpe abortado de 1960, Gojjam e Eritreia demonstravam as contradições inerentes à classe governante e sua falta de capacidade para lidar com a oposição articulada violentamente (Schwab, 1985, p.13).

Além dos militares, os estudantes também começaram a se politizar nesse período, e acabaram tendo participação ativa no processo revolucionário que culminou em 1974. Embora geralmente fossem reformistas, eles representavam um elo entre três grupos: os jovens oficiais militares, que se opunham ao Estado feudal, tinham as armas, e não eram diretamente ligados à aristocracia; o proletariado urbano, que tornou cada vez mais explícito seu descontentamento; e os camponeses. Os eventos que geraram o fim da monarquia iniciaram-se em 1973, quando uma forte seca atingiu a Etiópia, causando imensa devastação econômica e enormes privações à população. Na ocasião,

> temendo que a imagem do país fosse manchada se a publicidade internacional fosse dirigida para a incapacidade [interna em] alimentar a população atingida, Hailé Selassié recusou-se a permitir a vinda de organizações de ajuda internacionais para socorrer a Etiópia (Schwab, 1985, p.14).

Com o governo recusando-se a lidar com a crise e esquivando-se de qualquer responsabilidade, a catástrofe tomou maiores proporções, levando à morte cerca de 300 mil pessoas: "a seca e a fome", afirma Schwab, "foram catástrofes econômicas que se tornaram o caixão político de Hailé Selassié" (1985, p.15) – eventos que fomentaram ainda mais a insatisfação e a raiva no âmbito das forças armadas, do campesinato, dos estudantes, e da classe média urbana, o que gerou o golpe de fevereiro de 1974 e, posteriormente, em setembro do mesmo ano, a queda da monarquia.

Outro elemento que favoreceu o processo revolucionário foi a crise mundial do petróleo de 1973, que provocou crescente inflação e pressões econômicas sobre toda a população, exceto para a classe governante. É nesse sentido que Schwab coloca que

> a politização sem precedentes dos estudantes e de certos elementos das forças armadas permitiram a estes dois grupos alocar a fome e a crise do petróleo num quadro político, o qual consequentemente lhes forneceu um entendimento de sua posição política e uma compreensão de que eles estavam opondo-se a uma autocracia feudal, que não permitiria quase nenhuma reforma do sistema (1985, p.16).

O golpe foi iniciado em fevereiro de 1974, quando forças militares dissidentes tomaram várias cidades da Etiópia e cercaram todos os prédios públicos em Addis Abeba. Durante esses meses, também foram iniciadas greves em todo o país, fenômeno que até então era desconhecido na Etiópia. A isso se seguiu uma série de negociações do governo com os militares do DERG – um novo Comitê de Coordenação das forças armadas recentemente organizado para dirigir a oposição ao imperador –, ao mesmo tempo que os militares conquistavam cada vez mais posições, prendendo uma série de lideranças governamentais e isolando Selassié.

Paralelamente ocorria também um forte debate interno nas Forças Armadas sobre o tipo de governo que deveria ser instaurado, isto é, se deveria ser estabelecida uma monarquia constitucional ou se se transformaria radicalmente o sistema político do país. Como as negociações com Selassié fracassaram, em 12 de setembro de 1974 o parlamento foi dissolvido e Hailé

Selassié foi deposto e preso. O DERG eliminava, portanto, as antigas estruturas sociopolíticas do país, abolindo a monarquia e movendo-se em direção à criação de uma nova e radical ordem social, a qual iria se basear numa orientação socialista.

A criação dessa nova base socioeconômica, contudo, não seria fácil e implicaria em uma série de discussões e dissidências no âmbito do DERG, e entre este e a sociedade civil que o havia apoiado durante a revolução. Parte do DERG apostava numa concepção de Estado alicerçada na teoria marxista-leninista, mas havia outros projetos, mais ou menos radicais, tanto da direita quanto da esquerda. Nesse período foi formado o EPRP, como um "partido proletário" composto por intelectuais urbanos e estudantes, ligado a teorias maoístas e que se opunha ao DERG, argumentando que a revolução socialista não poderia ser dirigida por um regime militar. Após a revolução, portanto, o período de governo do DERG, através do PMAC – órgão composto por militares e criado para controlar o aparato governamental provisoriamente, e que perdurou até 1977 –, foi marcado pelas disputas políticas entre os mais variados setores da sociedade e entre os diversos projetos para o novo Estado etíope.

Logo em dezembro de 1974, o DERG lançou as Diretrizes Políticas sobre o Socialismo Etíope. Tendo em vista que, antes da revolução, a Etiópia era tradicionalmente baseada em diferenças de classe e de *status*, os conceitos de igualdade social e dignidade trabalhista (que estavam implícitos no programa socialista) eram bastante impactantes, atacando a essência do antigo feudalismo.

> As Diretrizes também sugeriam que o DERG colocava-se em posição análoga à de um partido de vanguarda, e que as instituições governamentais e a burocracia deveriam apenas executar suas políticas (Schwab, 1985, p.24).

Além disso, o *Etiopia Tikdem* (Socialismo Etíope) também redefinia a economia do país, estabelecendo um amplo programa de reforma agrária – que era considerada o núcleo da construção socialista no país – e colocando os setores importantes da economia sob o controle estatal, de forma que o setor privado só podia ter participação limitada. Dessa forma, as Diretrizes marcaram a introdução de políticas socialistas na Etiópia e a institucionalização da revolução, a qual seria estabelecida "de cima para baixo", conforme os preceitos leninistas.

Durante os primeiros meses de 1975, o DERG nacionalizou todos os bancos, 13 seguradoras e mais de 70 empresas industriais e comerciais; em maio de 1975, foi lançado oficialmente um programa de reforma agrária através da Proclamação da Nacionalização das Terras Rurais, que determinava a formação de associações campesinas por todo o país. Essas associações estariam encarregadas da organização de fazendas coletivas, da distribuição de terras e deveriam também lidar com os problemas econômicos e sociais inerentes ao programa de reforma agrária.

> Em setembro de 1977, num esforço de coordenação e centralização, a AEPA foi fundada para coordenar as atividades das muitas associações campesinas, as quais, juntas, haviam organizado mais de 7 milhões de fazendeiros (Schwab, 1985 p.26).

Ainda que o programa tenha obtido boa aceitação do campesinato em geral, ele também foi criticado em algumas regiões do país, particularmente na província de Gojjam, onde vigorava um antigo sistema de posse comunal da terra. Além disso, proprietários de terras que se recusavam a aderir ao programa geralmente eram executados (vale lembrar que a direção do regime era composta por militares, e tal política era parte de sua cultura institucional).

O CARÁTER DA REVOLUÇÃO

A Revolução Etíope de 1974 foi diferente de outros processos políticos de libertação nacional que ocorreram na África considerados por muitos autores como revoluções. Na maioria dos casos – à exceção da África Austral – esses movimentos não atendem aos critérios mais rigorosos para a classificação como revoluções sendo, em geral, casos em que o nível de conflito é baixo e, principalmente, em que a efetividade das mudanças não é estruturalmente profunda. Conforme Marco Cepik,

> pode-se definir a revolução *lato sensu* como toda mudança radical ocorrida numa dimensão axial da vida social, em que o estado final dos sistemas difere do antecedente. E as revoluções *stricto sensu*, i.e., as revoluções sociopolíticas modernas, podem ser definidas como um tipo particular de *mudança* (macrofenômenos de transformação global e violenta dos sistemas sociais) e *conflito* (confrontos estratégicos entre vontades coletivas pela soberania sobre uma população e um território) numa via de ingresso na modernidade (1996, p.154-5).

Halliday & Molineux (1981) também diferenciam essas revoluções coloniais das revoluções pós-coloniais, em que a mudança social era o principal objetivo daqueles que as levaram a cabo, e não apenas a mudança política – e a Revolução Etíope se enquadraria mais adequadamente no segundo tipo, já que nela, a mudança estrutural esteve presente na "via de ingresso à modernidade" do país. O conflito foi intenso, não tanto na tomada do poder, mas principalmente no processo de consolidação, até o final, do regime, e a mudança também na reforma agrária ampla e na destituição do poder da aristocracia rural.

Normalmente, esse movimento etíope é classificado como golpe e não como revolução, sobretudo em decorrência do governo que se estabeleceu nas décadas seguintes. Todavia, prosseguem Halliday & Molineux,

> nenhuma revolução produz uma sociedade perfeita, ou aquela que a maioria de seus participantes esperava inicialmente. A Revolução Etíope não é exceção a essa generalização. Entretanto, tais falhas não são únicas à Revolução Etíope: elas não devem obscurecer a importância do que ocorreu na Etiópia: uma transformação sociopolítica de uma profundidade rara no Terceiro Mundo contemporâneo (1981, p.12-3).

Os autores salientam ainda que

> qualquer que seja o padrão final de domínio político na ordem pós-revolucionária, ou os limites territoriais finais do Estado republicano, uma mudança revolucionária de estruturas econômicas, políticas e sociais ocorre através de um processo no qual, movimentos de massa desempenham um importante papel (Ibid.).

O caso etíope, portanto, afasta-se dos processos tipicamente africanos, e aproxima-se de casos clássicos como a Revolução Russa.[3] O império de Hailé Selassié era baseado em uma unidade tênue – mantida principalmente pela habilidade política do imperador – em que uma oligarquia rural e regionalizada dominava a estrutura fundiária do país, tanto rural quanto urbana. Ainda que arcaico, nas décadas precedentes à Revolução, havia tido início uma modernização, através de um processo muito parecido com a trajetória inglesa – de caráter conservador. Surgiu um movimento semelhante aos cercamentos ingleses (nos quais o campesinato ou é extinto, ou é obrigado a migrar em massa para as cidades), em que a aristocracia clássica, tal como acontecera na Inglaterra, ia paulatinamente se tornando uma aristocracia burguesa.

Esse processo principia em grande parte por iniciativa do imperador, que tinha como um de seus objetivos a modernização da Etiópia; dadas as características do regime, porém, essa modernização seria altamente conservadora.[4] A sobreposição de

---

[3] A similaridade das situações da Etiópia, em meados do século XX, e da Rússia pré-soviética são interessantes e, conforme Clapham (1992) contribuíram para a adoção do marxismo-leninismo como modelo.

[4] Esse padrão conservador de mudança encontrou respaldo no Sistema Internacional através de uma aliança com os Estados Unidos. A presença britânica na região e sua preponderância incomodavam Hailé Selassié que, pelas características do regime, preferiu uma relação mais próxima com Washington. O regime de Selassié era ideal para os objetivos norte-americanos: relativamente estável e conservador.

um setor moderno a um setor tradicional era uma realidade, principalmente por causa do campesinato. Ki-Zerbo exemplifica a situação dual em que se encontrava o país:

> Muitos visitantes sublinhavam o contraste assustador entre o esplendor dos palácios imperiais [...] e a miséria das massas [,] entre os grandes edifícios ultramodernos da capital e o aspecto medieval dos campos à sua volta (1972, p.303);

a criação de algumas organizações, como universidades, um sindicato e o exército – na tentativa de emular uma Etiópia "moderna" – acabaram, entretanto, tornando ironicamente a Etiópia mais moderna – e menos arcaica – através do surgimento de vozes contra o regime.[5]

O movimento que teve início em 1974 era altamente desorganizado, pois ainda não tinha uma direção política, representando, sobretudo, a explosão da sociedade contra a negligência do governo arcaico e sem legitimidade de Hailé Selassié. Diversos grupos ali participavam, como vimos; dos militares a organizações civis de esquerda, além de estudantes; mas, dentre eles, apenas os militares tinham alguma autonomia. Como lembra Ottaway,

> o principal problema para eles é que praticamente não existiam organizações civis no país. O sindicato de trabalhadores era conservador e próximo ao imperador. Os estudantes estavam organizados no *campus*, mas não tinham vínculos com outros grupos. Finalmente, uma organização fora criada dentro do Exército em oposição à hierarquia existente. Cada unidade das

---

[5] Halliday & Molineux (1981) evidenciam isso ao citar os principais núcleos de oposição ao imperador em 1974. Além da questão das diferentes "nacionalidades" e da resistência dos representantes da antiga ordem aristocrata, os autores apontam como principais forças opositoras ao regime: os estudantes, os militares de médio e baixo escalão e funcionários como professores e burocratas.

Forças Armadas, da polícia e do exército territorial (um corpo de reserva) elegia seus próprios representantes para um comitê de coordenação (1982, p.92).

Esse comitê era o DERG, que acabou tomando a liderança e conduzindo a revolução a partir daí. O período de transição entre o governo de Hailé Selassié e a tomada definitiva do poder pelo DERG foi, de certa forma, negociado e sem muita violência. Com a crise que se anunciava, Hailé Selassié trocou o primeiro-ministro, apontando o aristocrata Endalkachew Makonnen para o cargo. A aristocracia parecia não entender a profundidade do que estava por acontecer na sociedade etíope; Halliday & Molineux colocam que

> interpretando de forma equivocada o desafio a que o monarca estava sujeito, [os aristocratas] estavam preocupados com ajustes táticos no sistema que, de fato, estava em vias de se desintegrar (1981, p.75).[6]

Foi apenas com a falta de reformas implementadas pelo novo governo, que os militares do DERG, que já controlavam o país, depuseram Hailé Selassié, em setembro de 1974.

A Revolução na Revolução

Entretanto, apesar desta preponderância, a participação dos grupos civis na insurreição contra o imperador teve consequências importantes para o período subsequente (Halliday & Molineux alertam para algumas visões simplistas que se possa vir a ter a respeito da preponderância que o DERG ganhou a partir de 1974). Segundo os autores não se pode afirmar que o DERG tenha capturado a revolução para, depois, supostamente traí-la; os segmentos civis da oposição tiveram uma importância fundamental na deposição do imperador, mas foram os mili-

---

[6] Os nobres desejavam limitar a centralização e recuperar seus poderes locais, o que enfraquecia a própria monarquia, dividindo a classe dominante.

tares que o fizeram definitivamente – não através da captura da revolução, mas como os representantes do grupo mais bem articulado do momento (1981, p.91-2).

A difusão dos grupos de oposição ao imperador fez com que todos esses agrupamentos se encontrassem em posição de reivindicar a revolução subsequente. Essa realidade, ligada à reticência dos militares em entregar novamente o governo aos civis, levou a Etiópia a um período muito complicado, de consolidação do poder por parte do DERG. Em primeiro lugar, suas divisões políticas internas ficavam claras: entre 1974 e 1977, Mengistu Haile Mariam, um oficial de médio escalão, se firmou como a autoridade dentro da organização – recorrendo, inclusive, à prática de assassinatos e execuções daqueles que disputavam o poder com ele (esse processo de "expurgo" do DERG teve seu ápice em fevereiro de 1977, quando Mengistu e seus apoiadores fuzilaram outros membros do topo do comando da organização). A partir daí, o comando se unificou sob a autoridade altamente centralizada de Mengistu, mas, ainda que resolvido em 1977, esse processo consumia energia e recursos do regime.

Mas as divisões políticas não estavam confinadas ao DERG, muito pelo contrário: conforme salientamos, a participação de grupos civis na insurreição contra o imperador lhes permitia a reivindicação de maior voz política e de maior ação na consecução da revolução. Desses grupos destacavam-se principalmente os estudantes, representados pelo EPRP e pelo Meison, e alguns trabalhadores, como os representados pela CELU. Deles, o mais importante era sem dúvida o EPRP, principalmente porque o Meison e a CELU não tinham tanta autonomia quanto o EPRP e, além disso, até colaboraram com o DERG no início do governo.

Tanto o Meison como o EPRP eram formados por estudantes e ambos se consideravam marxistas-leninistas. O primeiro era formado por uma geração mais velha, cuja base principal era a Esuna, como apontam Halliday & Molineux; já o EPRP era formado por uma geração mais nova, cuja principal base era a ESUE. Ambas as facções tinham posições opostas que vão se refletir no futuro dos dois partidos ou organizações: enquanto o Meison favorecia a unidade Etíope em relação às nacionalidades e uma autonomia do movimento estudantil *vis-à-vis* outras classes, o EPRP tinha uma posição favorável às nacionalidades, assim como pleiteava a necessidade de uma junção entre o movimento estudantil e outras classes sociais (1981, p.77).

O EPRP continuava a demandar ao DERG a passagem do governo dos militares para os civis. Em 1976, os militantes do Partido deram início a uma campanha de assassinatos e atentados contra membros do DERG e simpatizantes. Essa decisão constituiu um terrível erro de cálculo, pois o EPRP não tinha força suficiente para sustentar essa ação armada contra o DERG, que logo anunciou que armaria os *kebelles*,[7] anunciando um "terror vermelho" contra o que foi classificado como o "terror branco" do EPRP. Milhares de simpatizantes do EPRP foram mortos, e a derrota militar praticamente os dissipou. Aqui, o DERG também consolidava seu poder.[8]

Esses grupos não eram os únicos a se opor ao governo de Mengistu. Além da oposição de grupos dentro do DERG e da oposição civil logo no início do governo, o DERG teve de enfrentar também a oposição regional, baseada nas antigas diferenças entre as nacionalidades presentes na região. O império etíope, desde Tewodros II até Hailé Selassié, era baseado, principalmente, na dominação de dois grupos cristãos – os Amhara e os Tigrai – sobre as outras "nacionalidades" e religiões. A unidade era mantida principalmente através da coerção e da cessão de terras nessas regiões para militares e aristocratas leais a Addis Abeba. O ressentimento em relação ao centro era bastante grande e a Revolução de 1974 não apenas criou esperanças de maior

---

[7] Os *kebelles* foram associações urbanas criadas pelo DERG quando da nacionalização das propriedades urbanas da Etiópia.
[8] De acordo com Halliday & Molineux (1981, p.123), aproximadamente 30 mil pessoas foram mortas ou presas nesse período.

autonomia, mas também falhou em lidar com esses grupos num momento posterior.

A principal delas é sem dúvida a questão da Eritreia. Cedida à Itália pelo imperador Menelik II, por razões políticas essa província ao norte da Etiópia foi reintegrada ao país no retorno do imperador Hailé Selassié (sob os auspícios da ONU) como uma federação. As relações durante o governo de Selassié foram tensas, principalmente pela dissolução unilateral da federação pelo imperador. A oposição eritreia se encontrava dividida em dois grupos: a ELF e uma dissidência, que depois se tornou a mais importante oposição ao regime do DERG – a EPLF. Em 1974, a Revolução dava novas esperanças aos eritreus, o que não durou muito, pois a queda do regime imperial trouxe o tema para o centro da política etíope: se a rebelião provincial encontrava-se num nível baixo no início de 1974, a evolução dos eventos a partir daí levaram a uma tomada de consciência entre as nacionalidades na Etiópia (Halliday & Molineux, 1981, p.156).

Essa conscientização não teve respaldo no governo revolucionário; mais que isso, o DERG não acenava para a Eritreia com políticas distintas daquelas empregadas pelos governos anteriores. Pelo contrário, a unidade da Etiópia, para o DERG, era inviolável – tanto por convicções pessoais dos membros a respeito disso (afinal, eram militares), quanto por considerações mais estratégicas a respeito da saída para o mar que a Eritreia disponibilizava à Etiópia. Dessa forma, apesar de alguns exercícios retóricos, na prática a Eritreia não percebia mudanças nas políticas adotadas pelo DERG. Isso se confirmou em junho de 1976, quando foi lançada uma forte ofensiva sobre a região.

Empregando apenas milícias camponesas, o DERG penetrou na Eritreia, sendo completamente derrotado pelas guerrilhas da região que, àquela altura, eram financiadas por vários países árabes e também pelo Sudão. Essa atitude não conciliatória tinha raízes na percepção que o DERG possuía a respeito das consequências que uma abordagem conciliatória para a Eritreia poderia ter sobre outras nacionalidades, o que apenas serviu para radicalizar as percepções eritreias a respeito de uma dominação Amhara. Ao final de 1977, os eritreus tinham controle de quase toda a região, à exceção de Asmara e algumas outras pequenas cidades. Novamente, o DERG enfrentava um processo de consolidação do poder muito difícil.

Outras regiões da Etiópia também resistiram e, em alguns casos, aproveitaram-se da situação complicada em que estava o DERG (havia focos de oposição por parte dos Oromo, da região do Tigre, e dos somalis). Ainda que com diferenças significativas entre elas e também em relação à Eritreia, essas resistências também aumentaram os custos para o DERG consolidar seu poder; a ênfase aqui, porém, será dada à rebelião eritreia e, no caso da região do Tigre, será analisado seu papel na derrota militar do regime, em conjunto com os eritreus.

A invasão somali e a aliança com
o Pacto de Varsóvia
A Guerra do Ogaden e a intervenção soviético-cubana

Outro ponto de ruptura foi o rumo que o país tomou após a Revolução de 1974 no campo da política externa. A posição geográfica estratégica da Etiópia – como um dos países que compõe o Chifre Africano, é banhado pelo Oceano Índico e próximo a países produtores de petróleo do Oriente Médio – conferia-lhe grande relevância no contexto da Guerra Fria, atraindo a atenção das duas superpotências, Estados Unidos e URSS. Em 1977, acreditando que a Etiópia não teria condições de se defender devido à instabilidade política interna, a Somália decidiu tentar realizar o grande sonho (de certa forma, incentivado pelos britânicos na época da descolonização) de criar uma grande Somália, através da conquista do deserto de Ogaden.

Oficialmente havia a Frente de Libertação da Somália Ocidental, formada por nativos somalis da região de Ogaden, mas enquadrados e reforçados pelo exército da própria Somália.

Em meados de julho de 1977, a Frente de Libertação da Somália Ocidental, com ajuda militar e tropas de apoio da Somália, invadiu o Ogaden e capturaram 90% dele. Naquele momento, a Somália, tinha um regime "socialista", era apoiada pela URSS, e a Etiópia, que havia rompido com os Estados Unidos, em 1977, estava indefesa (Schwab, 1985, p.96).

Desorganizado como estava, num primeiro momento, o exército etíope recuou, mas, com a ajuda soviética, foi capaz de rechaçar os exércitos somalis. De acordo com Kruys, o apoio soviético e cubano foi fundamental para a vitória da Etiópia, seja pela cessão de helicópteros, tanques e armamento em geral, seja pelo envio de conselheiros militares e tropas qualificadas – nesse caso, principalmente os cubanos (2004, p.21).[9]

A aliança com a URSS, bem como com os demais países socialistas, teve origem na guerra com a Somália, a qual acelerou a criação de uma relação militar e ideológica entre os países. Com o DERG mostrando-se disposto a estabelecer o socialismo na Etiópia, e levando em consideração os portos da Eritreia no Mar Vermelho, todavia, a URSS foi levada a reavaliar as suas alianças na região, e acabou concordando em fornecer armamentos para que o país se defendesse.

Inicialmente, a URSS tentou manter uma aliança com ambas as partes e tentou instaurar a paz na região através da ideologia comum do socialismo. Fidel Castro foi enviado à região para reunir-se com os etíopes, os somalis e os eritreus, aconselhando a formação de uma Federação regional, que se apoiasse numa política de nacionalidades; contudo, em novembro de 1977, a Somália expulsou todos os conselheiros soviéticos do país e fechou as instalações navais da URSS em Berbera, no Golfo de Áden. Como resultado, a URSS aproximou-se ainda mais da Etiópia, enviando-lhe cerca de 875 milhões de dólares em armamentos, mas outros países socialistas também forneceram ajuda militar a Etiópia contra a Somália, tais como o Iêmen do

---

[9] Foi com esse apoio que o exército etíope foi capaz de proceder a uma tática de *vertical envelopment*, isto é, ao transportar os tanques via helicóptero até a retaguarda somali, as tropas da Etiópia foram capazes de cercar as forças do exército inimigo, impossibilitando-lhe o recuo (Kruys, 2004, p.20-1).

Sul, a República Democrática Alemã (RDA) e, principalmente, Cuba (que chegou a enviar 16 mil soldados e conselheiros). Foi graças a esse grande auxílio militar soviético-cubano que a Etiópia conseguiu, em março de 1978, derrotar completamente os somalis. A URSS, por seu lado, conquistou um importante aliado, em uma região estratégica do mundo, além de garantir acesso ao Oceano Índico e ao Mar Vermelho, bem como ao Golfo Pérsico.

Em novembro de 1978, a Etiópia assinou com a URSS um Tratado de Amizade e Cooperação e aproximou-se de outros países socialistas, tais como RDA, Vietnã, Bulgária, Líbia, Iêmen do Sul e Cuba. Essas alianças ainda eram extremamente importantes devido aos periódicos ataques à região de Ogaden que, apesar de mais fracos e esporádicos, ainda ocorriam. Os Estados Unidos não deixaram de responder, no plano político e militar, à aliança etíope com a URSS: no que se refere ao primeiro, buscou alianças com países da região (Egito e Sudão, além da Arábia Saudita) que se opunham ao modelo socialista da Etiópia; com relação ao segundo, enviou assistência militar e financeira para a Somália, mesmo depois que o conflito havia acabado.

A questão da Eritreia

Outra questão que teve significativo impacto internacional foi a Guerra da Eritreia, que novamente exigiria a formação de alianças do DERG com outros regimes socialistas. A região, que representava o acesso da Etiópia ao Mar Vermelho, havia sido conquistada em 1890 pela Itália e, no desenrolar da Segunda Guerra Mundial (em 1941), fora ocupada por forças britânicas. O Reino Unido administrou a região até 1952 quando, por recomendação da Assembleia Geral da ONU, foi formalmente entregue ao Estado da Etiópia como uma unidade federativa que deveria submeter-se à soberania etíope, ainda que mantivesse sua autonomia em questões domésticas. Em novembro de 1962, tal autonomia foi revogada e a Eritreia foi formalmente incorporada à Etiópia como uma de suas 14 regiões, o que levou ao início das tentativas de secessão.

Depois que os britânicos se retiraram da Eritreia, os Estados Unidos perceberam a vulnerabilidade em que se encontrava a área do Chifre Africano e, tendo como base o tratado de defesa mútua que tinham com o governo de Hailé Selassié, desde 1953, logo ofereceram auxílio militar à Etiópia imperial para lidar com os rebeldes separatistas da Eritreia e manter o acesso ao Mar Vermelho. Assim,

> quando a batalha secessionista começou, em 1962, os Estados Unidos enviaram equipes de contrainsurgência, aumentaram seu programa de auxílio militar, e expandiram seus programas de modernização e treinamento para o setor militar etíope (Schwab, 1985, p.102).

Ao mesmo tempo Israel, temendo que a Eritreia (com 56% de população islâmica) se aliasse aos Estados árabes e contribuísse para fechar o Mar Vermelho à sua navegação, também estabeleceu programas de ajuda militar à Etiópia.

Hailé Selassié não estava disposto a permitir que a Etiópia voltasse a ser mais uma vez um Estado sem saída para o mar e, portanto, sua política era eliminar militarmente os insurgentes. Para tanto, durante o seu governo, os Estados Unidos e Israel desempenharam um papel fundamental. Em 1974, os rebeldes já haviam tomado mais de 95% do território da Eritreia, de forma que pareciam remotas as chances de derrotar os movimentos secessionistas militarmente; essa era a situação quando o DERG tomou o poder.

O movimento separatista da Eritreia envolveu-se numa série de dissensões e rivalidades entre facções, permitindo ao governo etíope retomar o controle sobre a região. Em 1962 foi fundada (em grande parte por muçulmanos) a ELF. Em 1970, todavia, houve uma cisão, dividindo-a em duas: a Frente de Libertação da Eritreia-Conselho Revolucionário e a EPLF. Ambas desejavam a independência, mas a primeira baseava--se no islamismo, enquanto a segunda se orientava por uma orientação socialista e nacionalista – muito parecida, de fato, com a do DERG.

Em 1976, porém, a própria EPLF se dividiu,

> quando o seu Secretário Geral, Osman Saleh Sabbe, foi expulso por aqueles elementos do EPLF que acreditavam que ela estava semeando uma "linha reacionária" por sua tentativa, em 1975, de estabelecer unidade com o ELF (Schwab, 1985, p.104).

Sabbe, com o apoio financeiro da Arábia Saudita, fundou, então, a ELF-Forças Populares de Liberação, que também queria a independência, mas que era mais conservadora. Em fins de 1977, a fragmentação desses grupos era tamanha que permitiu ao governo do DERG recuperar território.

Desta forma, quando o DERG chegou ao poder, foi confrontado com uma questão extremamente complexa: Cuba e a URSS apoiavam o EPLF, uma organização socialista; mas a Eritreia era a única saída direta da Etiópia para o mar e, além da guerra secessionista, a guerra civil entre os movimentos de libertação eritreus também se intensificava. Além disso, inicialmente o DERG ainda estava atrelado aos aliados do período imperial, ou seja, Estados Unidos e Israel.

Diante de tal situação, e temendo que a independência da Eritreia pudesse levar a uma desintegração de todo o país, Mengistu adotou a mesma política de Hailé Selassié de eliminar os secessionistas, mesmo aqueles que tinham orientações semelhantes às da própria Revolução. Nos primeiros anos após a Revolução, contudo, a política militar do DERG (de contenção dos movimentos secessionistas da Eritreia) foi extremamente malsucedida. Por um lado, o DERG enfrentava outras questões militares cruciais – a guerra contra a Somália, em Ogaden, e a forte instabilidade interna dos centros urbanos – que desviavam sua atenção da Eritreia; por outro, o presidente norte-americano, Gerald Ford, havia restringido consideravelmente a ajuda militar à Etiópia, devido às inclinações socialistas do DERG. Em 1977, apenas Asmara, Massawa e Assab eram controladas pelo governo, o restante da Eritreia estando basicamente sob a autoridade dos insurgentes.

Schwab aponta que parte das dificuldades do DERG com relação a Eritreia estava ligada às próprias contradições políticas inerentes a suas políticas militares:

> como um defensor do socialismo, o reconhecimento das distinções nacionais era contrário a sua ideologia, ainda assim, como deixado claro pelo ENDRP de 1976, diferentes nacionalidades eram reconhecidas (1985, p.105).

Acreditava-se, segundo as diretrizes anunciadas pelo ENDRP, que a questão das nacionalidades só poderia ser tratada com a autonomia, e a guerra da Eritreia, nesse sentido, representava uma grande contradição.

A contradição foi resolvida em 1977, quando o DERG adotou a linha ideológica leninista, dentro de uma perspectiva centralista contrária às distinções nacionalistas. Somando-se a essa mudança de orientação, havia também novas alianças externas, alavancadas pela guerra em Ogaden. "A URSS, Cuba, Líbia e o Iêmen do Sul trocaram de lado, eliminaram seu apoio anterior aos eritreus, e emprestaram auxílio ao governo etíope para ser utilizado na Eritreia" (1985, p.106). Seus interesses no conflito eram muito semelhantes àqueles que os moveram na guerra contra a Somália, isto é, basicamente, a garantia de acesso ao Mar Vermelho e o fortalecimento de um aliado mais sólido e confiável.

Depois que a guerra em Ogaden amainou, Etiópia e URSS (mas não Cuba) voltaram suas forças principais para a Eritreia de forma que, em 1979, os insurgentes batiam em retirada, tendo sido esmagados por uma força militar muito superior. A luta continuou, apesar da ELF e da EPLF estarem mais enfraquecidas no início da década de 1980, enquanto o governo etíope controlava quase toda a região. Além das importantes alianças firmadas nesse período, a posição da Etiópia no Terceiro Mundo também foi fortalecida pelo sucesso em Ogaden e na Eritreia. Isso se deu principalmente no âmbito da OUA, que nomeou Mengistu como presidente da OUA para o período 1983-84.

Dessa forma, a aliança com o campo soviético foi essencial para a vitória etíope. Essa parceria, apesar do proclamado socialismo desde 1975, não foi automática, por diversas razões: tanto a aliança prévia da URSS com a Somália, quanto a reticência do DERG em criar um partido – questão de suma importância para os soviéticos, a respeito do "partido de vanguarda" – [10] deixavam a possível aproximação em espera (Ottaway, 1982, p.104). No entanto, a invasão somali de 1977 obrigou a URSS a tomar uma decisão, e esta foi amplamente em favor da Etiópia.

Além de garantir a vitória sobre a Somália, a nova força coercitiva que o exército etíope ganhou permitiu uma nova ofensiva (vitoriosa) às rebeliões regionais, principalmente na Eritreia. Ainda que não tenha sido uma vitória total, permitiu ao regime do DERG mudar o foco das questões militares para os problemas socioeconômicos que assolavam o país; entre 1978 e 1982, o exército etíope conduziu ofensivas que levaram a resistência eritreia a uma situação bastante delicada (Pool, 1998, p.27).

O REGIME SOCIALISTA: POLÍTICA, ECONOMIA E SOCIEDADE
AS TRANSFORMAÇÕES SOCIAIS

Envolvido em disputas políticas sérias, o DERG viu-se obrigado a tomar medidas que lhe dessem alguma base política. Halliday & Molineux afirmam que o DERG respondia a diversas pressões ao adotar políticas de impacto profundo;[11] primeira-

---

[10] Os soviéticos desconfiavam dos regimes africanos baseados em grupos militares, e somente "certificavam" o reconhecimento do *status* socialista quando havia um partido bem definido ideologicamente e em condições de ampliar o apoio popular.

[11] Clapham (1992, p.109) afirma que não é necessário investigar se os membros do DERG eram realmente filiados ao marxismo-leninismo ou se a opção foi mais pragmática, como afirmam Halliday & Molineux: "O que o marxismo-leninismo obviamente mais oferecia a eles era a fórmula através da qual se criava um poderoso Estado".

mente, devia responder às camadas populares, que clamavam por uma melhoria em suas condições de vida, principalmente através da reforma agrária. Além disso, sob o fogo cerrado da oposição civil, "o PMAC [DERG] tomou a iniciativa de colocar em prática o que os críticos e rivais exigiam"[12] e, dessa forma, já em 1975 teve início um programa amplo de nacionalizações. Em março daquele ano, a principal medida tomada pelo DERG aconteceria: uma reforma agrária profunda e de grande escala: "a implementação da reforma marcou a real derrubada do antigo regime, [com] a transferência às relações sociais do que havia sido obtido politicamente" (Halliday & Molineux, 1981, p.106).

Dessa forma, em 4 de março de 1975 o DERG fez a *Proclamação da Nacionalização das Terras Rurais*. Esse documento determinava a instalação de associações camponesas que, a partir de então, organizariam fazendas coletivas, distribuindo a terra entre os camponeses e resolvendo disputas que emergissem dessa etapa. As respostas a essas medidas foram diferentes, de acordo com os sistemas de uso da terra vigentes nas diferentes regiões.[13]

No norte, por exemplo, o sistema mais comum era a chamada *rist* – terras pertencentes a uma linhagem, que possuía os direitos de usufruir dela (todos os membros da linhagem possuíam esse direito, mas nenhum tinha o direito de vender a terra, e o uso comunal pautava esse sistema). Acima da *rist*, existia a *gult*, sistema que operava, de certa forma, como no feudalismo europeu, sendo os detentores de *gults* senhores feudais que cobravam impostos e taxas dos membros da *rist*.

---

[12] Três dias após a deposição de Hailé Selassié, o DERG trocou de nome, tornando-se o (PMAC). A literatura trata os dois como sinônimos e aqui, sempre que possível para fins de padronização optou-se por "DERG".

[13] Diversos autores apontam para a complexidade do sistema de uso da terra na Etiópia imperial (Halliday & Molineux, 1981; Ottaway, 1982; Schwab, 1985; Abegaz, 2005). Portanto, aqui se apresenta uma visão bastante simplificada da realidade, ainda que aponte para as tendências mais gerais da sociedade da época.

Cabe lembrar, porém, que, ao contrário dos servos europeus, na *rist* a linhagem tinha direito de propriedade sobre a terra.

Já no caso do sul, quando da expansão das fronteiras do Império Etíope pelo imperador Menelik II, as terras daquela região foram divididas entre senhores feudais militares como recompensa por serviços na guerra, e a Igreja. As taxas pagas aos "senhores de *gult*" eram bem maiores que no norte e a relação se dava sob o prisma da conquista e da imposição.

Essas diferenças nas regiões tiveram impacto na reação à reforma agrária do DERG: no sul, devido à percepção de conquista que ainda imperava na região, a reforma agrária foi amplamente aceita; já no caso do norte, a resposta foi um tanto mais ambígua. A reforma agrária também atingia o sistema de *rist,* que, de certa forma, assegurava algum tipo de propriedade – ainda que não fosse privada, mas de linhagem. A província de Gojjam, por exemplo, organizou uma rebelião contra essa política, o que provocou a repressão do exército etíope. A aristocracia também engendrou uma resistência armada, principalmente a partir da EDU.

Os estudantes também foram convocados para ajudar com a reforma agrária, através da *Campanha Zemecha*, que fechava escolas e faculdades e obrigava que os alunos fossem auxiliar o programa – campanhas que foram impopulares entre alguns estudantes, fazendo com que eles se voltassem contra o governo. Mas um novo campesinato nascia, enquanto uma classe de proprietários rurais feudais desaparecia completamente.

Outro passo importante na consolidação da revolução promovida pelo DERG foi o lançamento da Proclamação da Propriedade Governamental de Terras Urbanas e Residências Extras, de julho de 1975, que nacionalizava os terrenos urbanos e permitia aos habitantes das cidades tornarem-se membros de cooperativas, as quais passaram a ser chamadas de *kebelle* (ver nota 7). Cada área urbana era dividida em seções administradas por um *kebelle*, formado por um grupo de 200 a 500 famílias, encarregados da administração municipal e da redistribuição de moradias, além de terem poder para a construção de estradas, estabelecimento de instalações na área de educação e saúde, entre outros.

> Como as associações campesinas, os *kebelles* foram estabelecidos pelo DERG num esforço para descentralizar as estruturas de autoridade e incorporar o proletariado urbano e a pequena burguesia à revolução (Schwab, 1985, p.32).

Portanto, os *kebelles* eram os equivalentes urbanos das associações campesinas.

Os resultados econômicos não foram muito significativos e, apesar de uma melhoria na situação do setor agrário da economia nos primeiros anos, as medidas não geraram o crescimento esperado:

> o caminho da reforma agrária, de imenso significado para a revolução etíope, era indicativo do caráter geral das intervenções do DERG. Esta, por qualquer parâmetro, foi uma medida extrema realizada seis meses após o DERG chegar ao poder e apenas um ano após o início dos protestos em Addis Abeba, ainda que tenha sido decretada por um grupo de oficiais, os quais não dispunham de quadros para realizar a reforma, e careciam, inclusive, de experiência histórica para realizar tal transformação social (Halliday & Molineux, 1981, p.110).

Por outro lado, os resultados políticos da reforma agrária foram amplamente favoráveis ao DERG, pois a reforma agrária "produziu o apoio para o novo governo, que era vital para o DERG [...] sobreviver à violência e à oposição no período 1975-78. [...] O DERG obteve o apoio do campesinato" (Schwab, 1981, p.29-30). Assim, com a legitimidade assegurada a partir da reforma agrária, de um lado, e com o recurso à coerção, de outro, o DERG, ao final de 1978, tinha se livrado das divisões internas, consolidado sua posição perante a oposição civil, silenciado – ainda que provisoriamente – os movimentos regionais, e, acima de tudo, saía de uma guerra interestatal com os louros da vitória.

A Revolução Nacional Democrática Etíope estabelecia novas metas a serem alcançadas pela revolução e proclamava o comprometimento do DERG com a construção de um Estado socialista. O documento também reconhecia a existência de conflitos étnicos no país, e indicava que o DERG estava disposto a reconhecer direitos de nacionalidades, o que era especialmente significativo num país com grande variedade étnica como a Etiópia.

Liberado, de certa forma, e ainda que temporariamente das obrigações militares mais urgentes que consumiam as energias e os recursos do regime, em 1978 o DERG pôde anunciar a Campanha de Desenvolvimento Econômico Nacional Revolucionário. Ela teve um impacto positivo, sendo que no ano de 1978-79 o PIB cresceu em 5,3%, e no ano seguinte 5,6%. Em relação à reforma agrária, os resultados eram um tanto mistos; se na região norte, ela não havia sido completamente aceita devido às condições prévias, no Sul, o campesinato oprimido logo se filiou ao regime de Mengistu. Esse campesinato sulista foi imprescindível, tanto nas campanhas contra a Somália, como na subjugação temporária da resistência eritreia.

Mas talvez o ponto de maior impacto da campanha tenha sido um programa ambicioso de erradicação do analfabetismo, anunciado em 1979. As taxas de alfabetização durante o governo de Hailé Selassié eram muito baixas, um dos problemas graves do regime. De acordo com Halliday & Molineux, relatórios soviéticos apontavam para a alfabetização de 6 milhões de pessoas em 1980 (1981, p.102). A Etiópia recebeu um prêmio da Unesco em relação a esse programa nesse mesmo ano – o Prêmio da Associação Internacional Literária para Alfabetização.

Clapham ressalta que

> os seis anos compreendidos entre a Guerra do Ogaden (1977-78) e a grande fome de 1984-85 marcaram o apogeu da construção do Estado etíope. Apesar de falhar em subjugar a Eritreia, e do prosseguimento da guerra na vizinha região do Tigre, a nova liderança militar marxista foi em frente com o projeto de con-

trole de cima para baixo, o qual conseguiu mobilizar todos os recursos da sociedade – em princípio para o desenvolvimento social e econômico, mas na verdade especialmente para propósitos militares (2000, p.8).

A afirmação anterior antecipa o que seria o principal problema do regime. A manutenção da situação de conflito aberto, tanto na Eritreia quanto na região do Tigre – que vinha ganhando espaço paulatinamente – levou o regime a aprofundar a retirada de recursos da sociedade. Esse fator, combinado às secas severas, à manutenção de uma postura coercitiva e, por fim, à adoção de políticas impopulares como transferência de camponeses de certas áreas para outras, culminaram com a degradação paulatina da legitimidade do governo.

O Estado e o regime político
Para Schwab,

> embora o DERG tenha deixado claro suas orientações socialistas, a institucionalização do socialismo requeria o desenvolvimento de um sistema político, no qual civis pudessem participar do processo político através da rubrica de uma estrutura de vanguarda (1985, p.45).

O fato de que uma junta militar estivesse desempenhando o papel de vanguarda da revolução na Etiópia, estabelecendo a revolução "de cima para baixo" e impondo-a à população civil, era ao mesmo tempo algo original e contraditório na história do socialismo. Com a violenta eliminação da oposição após 1977, as relações entre civis e militares melhoraram consideravelmente, e o DERG pode se concentrar em criar uma entidade política de vanguarda que legitimasse a revolução socialista no país. Nesse sentido, o DERG estabeleceu, em dezembro de 1979, a Comissão para a COPWE que, apesar de associada, também o permitia manter uma existência política independente da nova estrutura.

Ainda conforme o autor,

> a criação da COPWE, em 1979, reforçava a posição da Etiópia como um novo modelo socialista na medida em que esta estrutura política: (1) também havia sido criada "de cima" pelo DERG; (2) integrava o DERG enquanto também permitia sua própria existência autônoma; (3) refletia a percepção do DERG de que o militarismo daria lugar agora à politização da revolução; e (4) reconhecia que a COPWE auxiliaria o processo de formação de classes que então permitiria, em algum momento futuro, o estabelecimento de um partido de vanguarda ortodoxo (Schwab, 1985, p.47).

Dessa forma, ainda que a COPWE não fosse um partido de vanguarda *per se,* ela representaria tal papel até que a formação de classes estivesse suficientemente madura para o estabelecimento espontâneo de um partido comunista no país, o qual lideraria a revolução. A COPWE simbolizava, portanto, a legitimação da revolução no âmbito das normas político-doutrinárias.

Ainda que a composição da COPWE e do DERG fosse quase idêntica, o movimento em direção a uma organização partidária central indica uma mudança política, evoluindo de uma orientação de valores militares para uma de valores políticos. O objetivo era reduzir os aspectos militares da revolução – que seriam limitados aos conflitos na Eritreia e em Ogaden – e integrar a população em um mecanismo político altamente centralizado, visando o estabelecimento do socialismo. A COPWE tem como principais órgãos um Comitê Executivo, composto por 7 membros, e um Comitê Central, formado por 117 membros. Além disso, a COPWE consistia numa organização altamente centralizada, mas, ao mesmo tempo, era composta por uma série de organizações auxiliares que incluíam as associações campesinas, os *kebelles* e os sindicatos, sendo, portanto, em sua estrutura, uma organização de elite; através de suas associações auxiliares, porém, podia ser considerada uma organização de massas.

A influência do DERG sobre a COPWE era bastante visível, tendo em vista que a maioria de seus membros era proveniente do DERG, assim como também era clara a grande autoridade que Mengistu exercia sobre as duas instituições, pois as presidia. Na verdade, Mengistu exercia poder máximo sobre toda e qualquer instituição do país, centralizando o poder de decisão em suas mãos – os demais membros do DERG e da COPWE tendo seus poderes condicionados à lealdade a Mengistu. A influência civil na COPWE, por sua vez, foi limitada, sendo representada apenas em congressos regionais e em Comitês Regionais.

Conforme Schwab,

> além de ser responsável pela organização de um partido de vanguarda e de lidar com a questão de formação de classes, a COPWE, em aliança com o DERG, estava encarregada de desenvolver os parâmetros ideológicos do Estado, e é também responsável pelos assuntos de Estado (1985, p.52).

Nesse sentido, havia um grande problema de delimitação de responsabilidades políticas e burocráticas, bem como de autoridade, entre o DERG, a COPWE e a burocracia governamental no que concerne a estrutura governamental do Estado etíope. Fundamentalmente, as três estruturas competiam constantemente entre si; entretanto, levando em consideração que praticamente todo o poder estava nas mãos do DERG e da COPWE, os ministros de governo tinham autoridade limitada para exercer suas funções, que eram restringidas quase inteiramente a um âmbito meramente operacional. Dado ser Mengistu quem controlava o DERG e a COPWE, logo também era ele quem dominava a burocracia governamental.

É significativo também que, num país de rica diversidade étnica como a Etiópia, o DERG fosse composto majoritariamente por indivíduos provenientes da etnia Amhara – a mesma que dominara o país há séculos através do governo imperial. Essa longa dominação política dos Amhara sobre outros grupos étnicos levou a emergência de um sentimento de antipatia a Amhara, o que poderia ser um possível elemento desestabilizador para o governo de Mengistu.

As instituições governamentais da Etiópia também eram formadas por importantes estruturas auxiliares. As associações campesinas, conjugadas pela criação da AEPA, tinham papel fundamental no estabelecimento da reforma agrária em todo o país, além de ser a base para a integração do campesinato no modelo socialista proposto pelo DERG. Os principais problemas enfrentados pela AEPA, entretanto, dizem respeito à falta de infraestrutura, principalmente rodoviária, para a ligação de todo o território, de forma a superar as distâncias geográficas que isolavam algumas áreas e limitavam a disseminação da reforma agrária. Outra estrutura auxiliar importantíssima foi a dos *kebelles*, que incorporaram as populações urbanas à revolução, promovendo a redistribuição de habitações e buscando descentralizar parcialmente o controle do DERG sobre as cidades; embora os *kebelles* tenham responsabilidades sociopolíticas autônomas, eles permaneceram estreitamente ligados aos órgãos políticos centrais do Estado.

Há ainda a organização sindical centralizada, a União Sindical da Etiópia – a qual organizava o movimento operário no país, funcionando também como importante instrumento político sobre as massas –, e a Associação de Mulheres Revolucionárias da Etiópia, fundada em 1980 visando à libertação feminina, em resposta à opressão que as mulheres sofriam no sistema feudal etíope. Todas essas quatro estruturas auxiliares não eram diretamente parte da estrutura política central, mas estavam intimamente ligadas a ela; funcionavam conectadas ao centro, mas eram, por sua vez, bastante descentralizadas. O papel dessas estruturas auxiliares era, portanto, implementar diretivas do centro político, bem como levantar dados e informações para esse centro.

Quanto à dissidência política, ela era praticamente inexistente após 1977, quando o DERG finalizou a sua violenta campanha contra a oposição e angariou o apoio da maioria da população com o estabelecimento da reforma agrária e dos *kebelles* nas cidades. Basicamente todas as forças de oposição ao governo etíope, que eram formadas majoritariamente por intelectuais – em grande parte, provenientes da elite que governava durante o império –, estavam no exílio e, portanto, não conseguiam articular-se adequadamente nem obter o devido apoio popular para alterar a situação do país ou sequer ameaçar a posição do DERG. As críticas desses intelectuais, apesar de não interferirem na situação do país, desempenhavam papel importante na formação de uma opinião pública internacional, pois giravam em torno da violência imposta pelo DERG, da implementação do socialismo por uma elite militar, da falta de progresso em direção ao socialismo e/ou do próprio socialismo imposto no país.

Por fim, depois de muita protelação, em setembro de 1984 a Etiópia anunciou o estabelecimento do Partido dos Trabalhadores da Etiópia (WPE), o que sugeriu a eliminação da COPWE e a conclusão de uma importante fase da revolução. Mengistu, é claro, foi nomeado Secretário Geral do Partido, o qual é ainda dominado predominantemente por militares do DERG. Esse, por sua vez, continuou existindo como uma das principais estruturas de poder do Estado etíope.

A produção e as novas estruturas econômicas

O sistema econômico da Etiópia era baseado na agricultura, a qual representava, nos anos 1980, cerca de 50% do PIB, e envolvia cerca de 80% da população do país. O caráter político da revolução, contudo (e especialmente com o estabelecimento da reforma agrária), causou sérios transtornos à produção agrícola, desestabilizando seriamente a economia etíope:

> Apesar do fato de que a coletivização da terra era um passo vital em direção ao avanço social e econômico no longo prazo, no curto prazo causou uma queda dramática na produção agrícola. Por exemplo, em 1977, dois anos após a implementação do programa de reforma agrária, o volume total das exportações havia despencado 34,7%, enquanto as exportações

de café – principal produto do país – caíram 13% (Schwab, 1985, p.73).

A situação do comércio externo do país agravava-se ainda mais com o declínio internacional dos preços das *commodities*. Tendo em vista a grande importância da agricultura para a economia etíope e, por sua vez, o grande peso do café na pauta de exportações, tais deteriorações nos termos de comércio geraram uma estagnação do PIB em 1981, que seguia uma taxa de crescimento de 3 a 4% em 1980. Além do café, as principais culturas agrícolas eram cereais, sorgo, cevada, milho, trigo, grãos e oleaginosas. A grande queda de produtividade dos grãos e das oleaginosas, contudo, indicou claramente que o volume da produção dos bens alimentícios primários, tanto exportados como consumidos pelos etíopes, atingira níveis alarmantemente baixos.

Dessa forma, houve forte pressão sobre os preços de consumo desses bens, de forma que a inflação chegou a taxas anuais de 15,32% no período entre 1978 a 1982. A inflação também foi produzida por alguns setores que não dependiam da produção interna, principalmente o petrolífero. De fato, a crise do petróleo de 1973 que afetou o mundo inteiro, também teve efeitos negativos na Etiópia – que gastou 171 milhões de dólares em 1981, em contraste com os gastos de 1972, que haviam sido de apenas um décimo dessa quantia, tendo em conta que a quantidade adquirida nas duas datas variou muito pouco.

Outro elemento referente ao setor agrícola etíope diz respeito à aliança da Etiópia com a URSS e o papel que ela desempenhou ao fornecer ajuda econômica para o país. Na verdade, Schwab (1985) nota que "seu papel [havia sido] essencialmente limitado a dar conselhos sobre o desenvolvimento de associações campesinas e fazendas coletivas". O auxílio da URSS à Etiópia para superar seus problemas econômicos seria, portanto, mínimo; embora os soviéticos prestassem significativo auxílio militar à Etiópia, seu forte envolvimento em outras partes do mundo (Afeganistão, Cuba e Polônia), suas próprias debilidades econômicas internas (que começavam a aparecer já na década de 1980), e a sua ênfase no aspecto militar para a conquista de apoio do Terceiro Mundo (numa lógica de Guerra Fria) faziam com que o país negligenciasse as necessidades econômicas daquele país aliado.

Em 1984, a economia da Etiópia começava a se recuperar dos efeitos colaterais da reforma agrária e buscava incrementar sua produção; não obstante, fatores externos continuavam a atravancar o avanço econômico do país, com o preço do petróleo ainda bastante elevado e com a contínua depreciação dos preços das *commodities* agrícolas, principalmente após a recessão mundial de 1982-83.

Essa recuperação econômica era perseguida com base num Programa de Investimento de Dez Anos estabelecido em 1980, que deveria ser financiado com ajuda externa.

> Através do Programa de Investimento, a Etiópia tentava fomentar o crescimento econômico e o desenvolvimento, aumentar a distribuição de serviços aos camponeses, e integrar completamente a economia à ordem política socialista (Schwab, 1985, p.79-80).

Embora esse programa lidasse com todos os setores da economia, ele enfatizava a agricultura, denotando a preocupação do governo com a fome maciça que poderia advir do agravamento da queda da produção, se ela não fosse adequadamente abordada.

No que diz respeito à agricultura especificamente, estabelecia-se uma estratégia para incrementar a produtividade campesina através de melhores técnicas produtivas, do uso de fertilizantes, do uso de sementes melhoradas e do aumento da produtividade laboral das fazendas com o estabelecimento de empreendimentos cooperativos. Também se pretendia com o Programa expandir a alocação de recursos governamentais para a agricultura, tendo em vista que, apesar da suprema relevância do setor para a economia do país, em 1967, ela representava apenas 2% dos gastos governamentais.

Apesar da existência de recursos minerais e de metais preciosos no território, o setor minerador era praticamente insignificante, com um nível de desenvolvimento baixíssimo. A Etiópia possuía reservas de ouro, minério de manganês, e platina, mas não tinha o capital e a infraestrutura necessária para explorá-las. Por outro lado, seu setor manufatureiro ainda era muito incipiente: a indústria representava apenas 16% do PIB em 1983 e empregava apenas 7% da população etíope em 1980. Sua significância comercial também era mínima, tendo em vista que, em 1982, os produtos manufaturados representavam apenas 5% das exportações totais do país, sendo que as principais *commodities* exportadas consistiam em alimentos (as principais indústrias da Etiópia eram as de alimentos, têxteis e bebidas).

O desenvolvimento industrial da Etiópia era fortemente barrado por uma série de causas, como a falta de recursos para o investimento no setor; além disso, havia o tamanho bastante limitado de seu mercado doméstico – tendo em vista que mais de 90% de sua população estava engajada no setor de subsistência –, e a falta de mercado internacional para os manufaturados etíopes. Por outro lado, a infraestrutura do país era extremamente precária, com a grande maioria da população vivendo longe de qualquer estrada importante. De qualquer forma, a maioria das estradas ficava inutilizada por boa parte do ano ou estavam em péssimas condições.

Nesse sentido, o Plano Decenal de Investimentos também abarcava altos investimentos no setor manufatureiro do país, visando reestruturar e ampliar consideravelmente a indústria de pequena escala; como o setor não era prioritário se comparado ao agrícola, considerava-se que, se não houvesse fundos necessários para realizar o programa tal como havia sido previsto, haveria cortes de recursos para a manufatura. Em última instância, a viabilidade de qualquer programa do governo para expandir o setor manufatureiro do país dependia do bom desempenho da agricultura e de sua capacidade de gerar excedentes. Sendo assim, em termos econômicos, a Etiópia era afetada por um crescimento agrícola limitado, possuía um setor manufatureiro quase insignificante, e condicionantes externos que inibiam o desenvolvimento de ambos.

As políticas do regime

A Revolução realizou uma série de mudanças positivas nos setores da educação e da saúde, num esforço de prover serviços para uma maior parcela da população. Contudo, a Revolução também promoveu mudanças nas políticas religiosas do Estado, as quais nem sempre obtiveram o apoio popular, afinal, levando em consideração que a população etíope era, em sua maioria, tradicionalmente atrelada a Igreja Ortodoxa ou ao islamismo, era difícil convencê-la a aceitar as novas políticas governamentais e conferir igual participação a todas as religiões. Além disso, o DERG também teve violentos enfrentamentos com a Igreja quando esta expressou sua oposição nos primeiros anos da revolução.

Na Etiópia, o sistema educacional era pequeno demais e negligenciado, além de ter servido à população urbana. De fato, o país possuía ao longo da década de 1960, uma das taxas de alfabetização mais baixas da África (5-6% da população com mais de 10 anos de idade eram alfabetizados), taxa que chegou a cerca de 9-10% da população na década de 1970, mas ainda era considerada muito baixa.

A correlação entre alfabetização e áreas urbanas, e analfabetismo e áreas rurais era chocante. O governo etíope relatou, em 1969, que cerca de 40% da população urbana de 10 anos de idade ou mais eram alfabetizadas, contra 3,5% da população rural. Além das desigualdades do sistema educacional nas cidades e nos campos, havia também desigualdades de gênero e entre regiões do país. As mulheres tinham muito menos acesso à educação do que os homens, devido, em grande parte, à rígida estrutura familiar tradicional vigente, principalmente em áreas rurais. Quanto às diferenças regionais, percebia-se que as regiões que possuíam os maiores centros urbanos eram mais privilegiadas na área da educação do que as demais. Dessa forma, as províncias Shoa e Eritreia (onde estavam os dois maiores centros urbanos do país – respectivamente Addis Abeba e Asmara) possuíam as maiores concentrações de escolas e de estudantes. Também eram nessas províncias que se situavam as duas únicas universidades do país, *Addis Abeba University* e *University of Asmara*.

O governo pós-revolucionário instaurado pelo DERG tentou corrigir as grandes precariedades do sistema educacional do país promovendo uma série de campanhas de alfabetização, com ênfase nas áreas rurais. A questão educacional também foi contemplada no Programa Decenal de Investimentos, o qual estabeleceu como meta a erradicação do analfabetismo até 1990. O governo enviou milhares de professores semieducados das cidades para o campo, que lecionavam nas associações campesinas locais. O governo revolucionário conseguiu aumentar significativamente a taxa de alfabetização, em cerca de 20% em 1984, mas o DERG também promovia a educação, visando utilizá-la como arma política, buscando atrelar a população ainda mais às políticas socialistas.

O setor da saúde também havia sido amplamente negligenciado pelo governo de Hailé Selassié. A tuberculose era fortemente disseminada e afetava cerca de 30-40% da população; a malária era endêmica e parasitas intestinais afetavam a vida de milhões de pessoas. Além disso, o país tinha altíssimos índices de desnutrição e, em 1974, estimava-se que cerca de 80% da população adulta sofria de doenças venéreas. Isso tudo era exacerbado e perpetuado pela precariedade da infraestrutura na área da saúde, sendo que em 1974, existiam apenas 85 hospitais no país inteiro, sendo que a grande maioria deles se encontrava em centros urbanos (no interior havia apenas 93 centros de saúde locais, sendo que a infraestrutura era ainda mais precária que a dos hospitais).

O DERG-COPWE também tentou amenizar a situação dos serviços de saúde no país, estabelecendo, principalmente nas áreas rurais (no âmbito das associações campesinas) centenas de estações de saúde para prover uma assistência médica básica para a população e para fornecer educação e saúde à população, de forma que esta soubesse como prevenir-se de doenças. Esses centros de saúde também serviam para combater a seca e a fome, distribuindo para a população alguns alimentos básicos, como farinha e milho, e a assistência cubana na área de saúde revelou-se extremamente importante.

Em contraste com suas políticas nas áreas de educação e saúde, amplamente apoiadas pela população, as políticas religiosas do DERG causaram polêmica e certa resistência. A Igreja desempenhava o importante papel de incutir na população – principalmente nos camponeses – o fatalismo e a resignação com relação a suas condições de vida, o que servia muito bem aos propósitos do imperador. Por sua proeminência político-social, a Igreja era vista como uma ameaça ao regime socialista, e a situação não era muito diferente com relação ao islamismo, que também dominava uma parcela considerável da população etíope.

No início da Revolução, o DERG tirou da Igreja Ortodoxa o *status* de religião oficial do Estado, declarando a Etiópia um Estado laico, e estabelecendo que todas as religiões seriam reconhecidas oficialmente como iguais. Em 1977, contudo, em meio a uma violenta repressão contra toda e qualquer oposição ao governo, o DERG começou a atacar a Igreja Ortodoxa, prendendo seu patriarca, Abuna Theophilos, e deixando de reconhecê-la como uma entidade politicamente neutra. A esse episódio seguiram-se ataques a todas as outras religiões, inclusive ao islamismo, de forma a reduzir o poder e influência delas sobre o povo e sobre o Estado.

O DERG, portanto, buscou reduzir consideravelmente o papel das religiões no Estado etíope, vendo-as como forças políticas que deveriam ser eliminadas para a formação de um Estado socialista. Schwab (1985) considera que as políticas econômicas e sociais do regime apresentavam um alto grau de coerência com o seu projeto de estabelecer uma economia socialista e superar o feudalismo.

A queda do regime e seus impactos regionais
As dificuldades regionais e socioeconômicas da revolução

Em 1984, uma seca de grandes proporções assolou o país. O regime tentou minimizar os danos, transferindo camponeses para áreas menos afetadas, mas sem grandes resultados.[14] As regiões da Eritreia e do Tigre começavam a consumir novamente os recursos do regime, o que dificultava ainda mais uma resposta coordenada e efetiva às consequências da seca, que apenas aprofundou os problemas econômicos já enfrentados. Conforme Clapham,

> a fome foi disseminada pela seca, mas também assinalou as falhas da política agrícola, pois se esperava que a eliminação da exploração pelos proprietários levaria à liberação das energias produtivas do campesinato;

mas "com as nacionalizações, os camponeses tiveram impossibilitada a suplementação de suas rendas pelo trabalho sazonal nas fazendas privadas" (1992, p.115).

Esses problemas na reforma agrária eram potencializados tanto pela falta de coordenação das políticas como também pela falta de fiscalização das associações camponesas. Halliday & Molineux consideram que

> a reforma permitiu o crescimento de uma nova relação de classes no campesinato. A posse agora dada aos camponeses permitia a eles um efetivo controle de suas parcelas: eles estavam habilitados a excluir outros camponeses e desafiar as instruções do governo (1981, p.107).

---

[14] Essa estratégia visava, também, reduzir a população das áreas insurgentes do norte (as mais afetadas pela seca), que eram transferidas para o sul e passavam a depender da ajuda governamental. Aliás, essa estratégia de colonização já vinha sendo utilizada antes da seca, pois havia erosão e superpovoamento das terras do planalto do norte, e terras virgens no sul, mais bem enquadradas no sistema de reforma agrária.

Além disso, as turbulências na economia internacional causavam inflação e redução do poder de compra.

Essa situação caótica, com a continuação de uma elevada extração de tributos devido às necessidades militares, contribuiu ainda mais para o afastamento entre o regime e seu principal grupo de apoio, o campesinato. Como afirma Tareke

> a devastação econômica devido a anos de guerra, seca e interminável extração de recursos humanos e materiais de uma sociedade que afundava ainda mais na pobreza, cobrou sua dívida ao Estado (2009, p.241).

A DETERIORAÇÃO DA SITUAÇÃO MILITAR

Ao mesmo tempo, os movimentos da Eritreia e da região do Tigre retomavam os esforços contra o regime do DERG. Entre 1984 e 1985, a EPLF conseguiu tomar diversas cidades: em 1984, capturaram Alghena, e em 1985 – ainda que por um período curto – Barentu. Conforme Tareke "em 1987 a ELPE tinha se tornado uma força de combate ainda mais efetiva do que quando tinha lutado ferozmente por sua sobrevivência cinco anos antes" (2009, p.247). Nessas operações, o movimento não apenas apreendia equipamento do governo, mas adquiria experiência de combate.

Em 1988-89, a Frente lançou ofensivas muito bem-preparadas, que encontraram um exército com o moral muito baixo, apesar de muito mais numeroso e bem-equipado. Tareke (2009) afirma que a ação conjunta da EPLF e da TPLF foi fundamental para a derrota do exército etíope. Quando atacado pelos rebeldes eritreus, a derrota foi apenas questão de tempo: através de hábeis movimentos táticos, como o corte de linhas de suprimento, a chamada batalha de Af Abet foi amplamente favorável aos eritreus. Enquanto o exército estava ocupado e distraído com a frente eritreia, os rebeldes do Tigre habilmente lançaram uma ofensiva em sua região, obrigando o exército etíope, depois de certa resistência, a recuar na chamada Batalha de Shire.[15] A eficiência tática, a vontade dos eritreus e uma forte base popular permitiram a vitória em relação a um exército que, cada vez menos, via propósito numa guerra longa e sem resultados (Tareke, 2009).

Dessa forma, o Exército "Vermelho" Revolucionário da Etiópia, sofreu uma série de derrotas decisivas tanto na Eritreia, pela EPLF, como em Tigre, pela TPLF.

> Subjacente ao desastre militar estava a derrota política do regime, a qual era, em si mesma, o resultado de uma flagrante discrepância entre as necessidades do Estado de travar guerras e os parcos recursos da sociedade (Tareke, 1992, p.40).

O processo de militarização da sociedade etíope, que se iniciou com a guerra contra a Somália na região de Ogaden, implicava a imposição de métodos autoritários de controle, que oprimiam e empobreciam a sociedade. Tareke (2009) identifica algumas das principais causas da visível ruptura das relações entre o Estado e o povo (e especialmente entre o Estado e a população rural), dentre as quais se destacam: a má administração econômica, a repressão política, a corrupção e ineficiência da burocracia, o deslocamento rural massivo (através dos programas de aldeamentos),[16] e o desemprego crônico. O descontentamento passou, assim, a erodir a base social do governo, atacando sua legitimidade e favorecendo a luta dos rebeldes.

Por outro lado, Mengistu não conseguia retomar a liderança através da habilidade política e, num tom de desespero, o líder

---

[15] Para maiores informações sobre os detalhes táticos das batalhas de Af Abet e Shire ver Tareke (2009).

[16] Os programas de aldeamentos foram instituídos pelo governo em meados dos anos 1980, numa época em que partes do país haviam sido seriamente atingidas por secas e, consequentemente, fome. O programa se constituía, basicamente, na transferência coerciva de populações rurais, de uma região do país para outra, sob o controle estatal. Tal política era justificada pelo governo com base no desenvolvimento humano; contudo, na verdade, as medidas visavam isolar o apoio popular aos rebeldes, mantendo um firme controle sobre a população.

do DERG tentava impedir as derrotas através do apontamento de culpados e de sua execução. O moral do exército declinava a níveis acentuados; cada vez mais, o regime se via descolado da sociedade, e principalmente das camadas da população que haviam possibilitado sua existência. Os movimentos rebeldes ganhavam terreno nas bases sociais que sustentavam o regime, pois o povo estava cansado da guerra.

Tareke (2009) argumenta que o exército etíope fracassou não por falta de armas, mas devido ao desgaste de seus membros, ao declínio do apoio popular, ao faccionalismo interno corrosivo e à ingerência política. Um dos sintomas da fraqueza do exército seria a sua forte dependência com relação a recrutamentos forçados, completando suas fileiras, muitas vezes, com homens mal treinados e sem qualquer vontade de lutar. Especialmente prejudicial à coesão, competência e moral do exército, porém, foi o estabelecimento do comando triangular, isto é, de uma estrutura composta por três oficiais que diferiam marcadamente em idade, educação, experiência e patente. Por um lado, o comandante era geralmente bem mais velho e tinha alta patente, mas deixava a desejar quanto a sua convicção política; por outro, o comissário político e o oficial de segurança tendiam a ser bem mais jovens e de baixa patente, mas eram selecionados por suas convicções socialistas e lealdade ao Partido dos Trabalhadores da Etiópia.

Teoricamente esse trio deveria trabalhar em harmonia, cada um cumprindo tarefas específicas; na prática, todavia, o comando triangular produzia intrigas e divisões internas, que muitas vezes geravam faccionalismo no âmbito do exército. Por fim, a ingerência política de Mengistu – que desempenhava um papel excessivo e contraprodutivo no âmbito das forças armadas – era outro fator que determinava a decadência do Exército Revolucionário. Mengistu utilizava métodos de premiação e punição bastante arbitrários e, por intervir constantemente, privava os generais da independência de decisões e iniciativas.

Enquanto o Exército Revolucionário se desintegrava lentamente por suas próprias deficiências, os movimentos rebeldes

(EPLF e TPLF) fortaleciam-se.[17] De fato, os dois eram altamente motivados e extremamente comprometidos com suas respectivas causas, além de serem coesos e adaptáveis às circunstâncias – que nem sempre eram as mais favoráveis –, conquistando cada vez mais apoio popular. E, por fim, esses movimentos foram capazes de vencer uma força numericamente e tecnicamente superior a deles "porque, apesar dos objetivos divergentes, as duas Frentes apoiavam-se mútua e taticamente em momentos críticos da luta" (Tareke, 2009, p.245).

Dessa forma, em fevereiro de 1989, os rebeldes do TPLF já haviam dizimado boa parte do Terceiro Exército Revolucionário (TRA), destruído uma parte expressiva de seu poder de fogo, e aniquilado o moral de suas tropas, que ficaram ainda mais vulneráveis à deserção. Para completar o quadro, o TRA não tinha como receber suprimentos ou reforços de outras partes do país, tendo em vista que todas as passagens para Shire estavam bloqueadas pelo TPLF.

A derrota em Shire foi catastrófica para o Exército Revolucionário, e mais ainda para o regime militar liderado por Mengistu. De fato, logo em seguida, Mengistu retirou todas as tropas que permaneciam na região, assim como todos os oficiais de governo e do partido de tais áreas, de forma que, já no início de março, toda e qualquer autoridade estatal havia desaparecido da província de Tigre. Entretanto, a mais significativa consequência de Shire foi ter desintegrado o Exército Revolucionário e impulsionado o TPLF a tomar o poder na Etiópia, derrubando o regime de Mengistu em 1991.

O ABANDONO SOVIÉTICO, A QUEDA DO REGIME
E O PAPEL DO MARXISMO

Além do declínio do suporte popular, à medida que a crise doméstica se intensificava, o regime também foi perdendo o apoio de seu principal aliado externo – a URSS – a qual

---

[17] O TPLF assumiu o governo através de uma coalizão de grupos, nomeada EPRDF.

passava por profundas mudanças políticas internas e externas. Em 1988, o líder soviético Mikhail Gorbachov aconselhou Mengistu a buscar uma saída pacífica e negociada para o caso da Eritreia, de forma a liberar recursos para o desenvolvimento socioeconômico da Etiópia e recuperar, assim, o apoio das massas. Mengistu, entretanto, recusava-se a considerar qualquer hipótese de uma Eritreia independente, mantendo-se irredutível, apesar da diminuição acelerada do apoio soviético.

Por fim, o golpe de misericórdia foi o fim da ajuda soviética que, de certa forma, sustentava o regime desde que o apoio do campesinato havia se dissipado. Ainda que o fim da aliança não tenha tido impactos imediatos no nível de equipamento e treinamento do exército, obviamente, teve impacto pela influência que o modelo soviético exerce, principalmente para a legitimidade do DERG. Quando o regime socialista acabou na União Soviética, irradiou crises de legitimidade para todos os outros países que encontravam naquele modelo algum tipo de guia para o desenvolvimento. Ainda que o término do fornecimento de equipamento não tenha tido um impacto imediato no exército etíope, a dissolução do campo soviético com certeza teve.

A fuga de Mengistu Haile Mariam, em maio de 1991 (e o colapso do regime que ele havia instituído desde 1974) marcou o fim de um longo período durante o qual o marxismo-leninismo foi encarado como a fórmula mais apropriada para lidar com os grandes problemas socioeconômicos do país; e não apenas por Mengistu e seu regime, mas também por seus principais opositores (tanto seus rivais de Addis Abeba como os movimentos insurgentes regionais). "Para o governo militar, (a ideologia)" diz Clapham, "combinava centralização implacável com mudanças sociais radicais. Para os grupos de oposição regionais, era uma doutrina de guerra de insurgência" (Clapham, 2000, p.105).

De fato, Mengistu já havia anunciado o fim do comprometimento de seu governo com o socialismo em 1990, como parte de um pacote de reformas através do qual ele tentava manter-se no poder. Os rebeldes, por sua vez, também abandonaram sua orientação socialista no fim dos 1980 e início dos anos 1990, mas

> a própria universalidade do comprometimento com o socialismo, na Etiópia, e a seriedade com a qual isto foi perseguido similarmente pelo governo e pela oposição, indica que nós estamos lidando, não meramente com uma resposta pragmática às necessidades de uma aliança soviética, mas com uma ideologia percebida como tendo uma aplicação real às condições locais (Clapham, 2000, p.106).

Nesse sentido, a escolha do marxismo-leninismo na Etiópia, bem como seu subsequente abandono, foi muito mais resultado de fatores internos do que de elementos externos. Tratava-se de uma doutrina que oferecia uma série de soluções atrativas para os grandes problemas que a Etiópia enfrentava no início dos anos 1970. De fato, nesse período, a Etiópia tinha vários elementos em comum com a Rússia do início do século XX; isto é, ela era um antigo império, com estruturas feudais, dominada pela Igreja Ortodoxa, e que havia passado por um período de expansão, que a levou a controlar um território bastante amplo e com grandes diversidades étnicas. "Politicamente, continuou a ser governada através dos mecanismos arcaicos da corte imperial, e a representação política era insignificante" (Clapham, 2000, p.106).

O primeiro apelo que o marxismo oferecia era, obviamente, o de uma *doutrina revolucionária*. Diferentemente da maioria dos Estados africanos – que faziam a revolução primordialmente através de ideologias nacionalistas e anticolonialistas, buscando a libertação em primeiro lugar –, os militares etíopes que fizeram a revolução, em 1974, contavam com o marxismo como uma alternativa radical e progressiva ao *status quo* vigente.

Em segundo lugar, o marxismo também oferecia ao DERG uma *doutrina de desenvolvimento*, que pregava a destruição do poder oligárquico que controlava o país até então, (o qual era visto como uma obstrução ao bem-estar do povo etíope), e sua substituição por um Estado mais eficiente, combinado a um campesinato livre. Essa visão foi particularmente reforçada pela resposta inadequada dada pelo regime imperial à grande fome de 1973-74. A implementação da reforma agrária, em abril de 1975, e a nacionalização de propriedades urbanas e rurais pelo DERG foram baseadas, portanto, nas premissas de desenvolvimento marxistas, com base em uma estrutura de planejamento central e distribuição socialista.

Um terceiro apelo do marxismo-leninismo para o governo instaurado pelo DERG em 1974 era a *doutrina de construção de nação multiétnica*. Os radicais etíopes acreditavam que o crescimento da oposição regional e étnica refletia a opressão política e a exploração econômica, perpetuadas pelo governo imperial de Hailé Selassié; mas numa Etiópia socialista, as principais bases para a mobilização política das etnias desapareceriam. Certamente, a URSS, que combinava um governo central efetivo ao respeito às identidades culturais de diversas nacionalidades e a um alto nível de autonomia, consistia num modelo atrativo para a Etiópia.

Na prática, porém, o comprometimento com a autodeterminação das etnias e as necessidades de centralizar o regime eram esferas contraditórias – contradição essa que tinha seu principal exemplo na questão relativa às tentativas de independência da Eritreia. Ao assumir o poder, o DERG foi colocado diante de um dilema sobre o que fazer com relação à Eritreia: ou apoiar os rebeldes do EPLF (que tinham uma orientação bastante semelhante à própria orientação adotada pelo DERG), concedendo-lhes a independência, ou manter a política imperial de repressão aos movimentos secessionistas. A partir de 1977, o DERG acabou escolhendo a segunda opção, e estabelecendo um Estado centralizado, no qual a autonomia regional era reduzida a proporções mínimas.

Em quarto lugar, contrastando com o terceiro apelo, o marxismo-leninismo também era uma *ideologia de controle estatal*. Tendo em vista que quem promoveu a revolução de 1974 foram, na grande maioria, jovens militares de baixa patente, fica claro o atrativo que representavam as premissas de centralização, hierarquia e comando para o novo governo. Devido ao caráter militar e centralizador do governo do DERG, as estruturas formais do Estado só foram criadas alguns anos após a revolução; ou seja, o próprio partido leninista de vanguarda – o Partido dos Trabalhadores da Etiópia (WPE) – só foi criado em 1984, da mesma forma que a nova constituição, baseada na da URSS, só foi introduzida em 1987.

Por fim, o quinto apelo do marxismo-leninismo para o governo era a sua utilização como *fonte de apoio internacional* num contexto de Guerra Fria. Muitos rebeldes etíopes tinham um forte sentimento contra os Estados Unidos, proveniente do apoio norte-americano ao regime de Hailé Selassié durante o período pré-revolucionário. A URSS representava, portanto, a única fonte consistente de suprimentos militares para o DERG. A necessidade de conquistar um patrono externo intensificou-se consideravelmente com a guerra contra a República da Somália, em julho de 1977, na região de Ogaden. Graças à ajuda soviética, a Etiópia conseguiu vencer a Somália e reconquistar o território; todavia, a ajuda soviética, além de criar certos laços de dependência para a Etiópia, ficou restrita ao campo militar, deixando muito a desejar no campo econômico e financeiro.

Conforme Clapham,

> para os movimentos de oposição, os apelos do marxismo eram bastante diferentes. Eles estavam lutando contra o Estado centralizado que Mengistu estava tentando impor, e a URSS figurava não como um modelo, mas como, de longe, a maior fonte de armamentos que o regime estava usando contra eles (2000, p.111).

Apesar de não receberem qualquer apoio de regimes antissoviéticos, esses movimentos mantiveram-se fiéis à ideologia marxista-leninista até fins da década de 1980. Os dois principais movimentos que confrontavam o DERG eram a EPLF – o principal movimento secessionista da Eritreia –, e a TPLF, as quais se associaram, formando a EPRDF em 1989, que capturou Addis Abeba (em maio de 1991), formando o governo provisional pós-Mengistu. O principal apelo marxista-leninista para esses grupos, portanto, era o da *ideologia de luta guerrilheira revolucionária*. Esses movimentos tinham certa influência maoísta, mas formalmente se definiam como adeptos "da linha albanesa", e sua união tática visava dar a dois movimentos regionais a estatura política de uma oposição nacional unificada.

O abandono do marxismo-leninismo como orientação tanto pelo governo como pelos opositores do regime (que se converteram ao liberalismo político-econômico como condição para receber reconhecimento e apoio norte-americano) coincidiu com as mudanças na URSS e com a queda dos regimes socialistas no Leste Europeu. Entretanto, Clapham (2000) argumenta que o colapso do socialismo na Etiópia é em grande parte devido a condições internas do país. O primeiro e o quarto apelo ao marxismo haviam sido concretizados e, por um lado, a revolução de 1974 foi bem-sucedida, tendo deposto a antiga ordem socioeconômica, e instaurado instituições socialistas (como a nacionalização e o uso coletivo da terra); por outro, também houve a criação de um Estado poderoso e centralizado, o qual, até o momento em que manteve o monopólio do uso da força, logrou controlar rigidamente a população.

As principais, e decisivas, falhas do regime socialista do DERG, porém, relacionam-se ao segundo e ao terceiro apelo marxista-leninista, isto é, àqueles relacionados ao desenvolvimento econômico e à união nacional.

> O fracasso econômico foi cruelmente revelado pela precisa coincidência entre o décimo aniversário da revolução, em setembro de 1984, quando o novo partido de vanguarda foi lançado em meio a grandes celebrações, e a irrupção da grande fome de 1984-85 (Clapham, 2000, p.115).

Apesar de a fome ter sido inicialmente provocada pela seca, a situação demonstrava claramente a ineficiência produtiva das fazendas coletivas.

Ainda assim, o governo manteve suas políticas econômicas, assim como a rígida proibição da propriedade individual de terras, até dezembro de 1987. Na ocasião, diante de novas ameaças de fome, o DERG concordou em promover algumas reformas no mercado agrícola (ainda que bastante limitadas) para garantir a liberação de um pacote de ajuda para a agricultura do Banco Mundial e da Comunidade Europeia. Dessa forma,

> quando, em 1990, Mengistu anunciou o abandono do socialismo, [...] as fazendas cooperativas desapareceram virtualmente da noite para o dia, enquanto os camponeses [...] montavam suas fazendas individuais novamente (Clapham, 2000, p.115).

O fracasso econômico do governo de Mengistu, aliado às infindáveis guerras travadas pelo regime – que além de tirar muitas vidas, também sugava grande parte dos recursos financeiros do Estado –, alienaram o povo do regime, retirando o seu apoio, que havia sido conquistado, nos primeiros anos da revolução, com o estabelecimento da reforma agrária. Finalmente, quanto ao quinto apelo (que se referia ao apoio dado pela URSS), este continuou existindo, militarmente, até o fim do governo de Mengistu. Entretanto, nos últimos anos de gestão os armamentos vindos da URSS eram frequentemente capturados pelos movimentos insurgentes, tendo em vista a grande ineficácia do exército central.

Se os apelos do marxismo nem sempre funcionaram para o governo de Mengistu, eles certamente funcionaram para os opositores do regime. Através da ideologia de guerrilha revolucionária, os rebeldes foram capazes de derrotar forças militares consideravelmente maiores que as suas e tomar o poder, em maio de 1991. Apesar disso, ambos os movimentos parecem ter se desviado da orientação ao alcançarem o poder – ainda que a EPLF tenha se mantido mais fiel às suas antigas convicções.

O TPLF-EPRDF, que tomou o poder em Addis Abeba, em 1991, abandonou o marxismo oficialmente em 1990. Externamente, esse desvio ideológico se deu com vistas à situação do

Leste Europeu na época; internamente, o TPLF precisava contrariar a ideologia do DERG (que havia se tornado extremamente impopular nos últimos anos de governo) para obter o apoio da população em outras regiões, que não a sua originária (Tigre), já que os objetivos do movimento não eram secessionistas, requerendo uma mudança do governo etíope como um todo.

A EPLF, na Eritreia, agiu de forma diferente. O movimento via a si próprio como o representante autêntico e único do povo da Eritreia, e buscava controlar apenas a região; mas, apesar de ostentar sua crença na ideologia marxista muito menos do que o TPLF, ao assumir o poder na região o EPLF instaurou um regime baseado na educação política, organização e controle estatal, além de promover ações isolacionistas, expulsando etíopes que viviam na região e fechando o país para o resto do mundo.

Um balanço da Revolução e os efeitos regionais de sua derrota

Alguns autores ressaltam a brutalidade do regime posterior à revolução etíope, desqualificando, por causa dessa violência, as transformações que a revolução de 1974 levou a cabo. Clapham considera que se tratou incontestavelmente da única revolução social que a África moderna já vivenciou (2000, p.7). Sem sombra de dúvida, as transformações que ocorreram a partir de 1974 na estrutura social, econômica e política do país não podem deixar de ser classificadas como revolucionárias. Uma ordem praticamente feudal, em que tanto a aristocracia rural como a Igreja tinham papéis semelhantes àqueles cumpridos por esses grupos na Europa, foi derrubada. Um poder central altamente ligado a um grupo étnico, cultural e religioso dominante – que não dialogava com outros grupos – também encontrou seu fim. Um Estado arcaico e uma economia atrasada (sob os quais ocorria uma transição silenciosamente devastadora) iniciou um processo de ingresso na modernidade.

A revolução de 1974 destruiu as bases do regime, principalmente através de uma ampla reforma agrária e urbana, que destituiu a aristocracia das bases de seu poder e tentou implementar políticas avançadas de erradicação de analfabetismo. Por fim, Schwab (1985) também salienta a originalidade da revolução etíope e seu potencial como modelo de revolução para outros países do Terceiro Mundo. De acordo com o próprio Mengistu,

> o fato de que as forças armadas, as quais foram moldadas sob um sistema feudal-burguês, tem, até agora, lutado em conjunto com a revolução democrática das grandes massas, é o aspecto inovador da nossa revolução (Schwab, 1985, p.112).

Dois efeitos regionais importantes decorreram da deposição de Mengistu: o primeiro deles foi a queda do regime de Siad Barre na Somália e a fragmentação do país – que persiste ainda hoje, passados mais de vinte anos. Ao longo da década de 1950, a Somália britânica e a Somália italiana ganharam autonomia até que, em julho de 1960, unificaram-se já independentes, formando a República da Somália. O primeiro presidente foi assassinado e um golpe de Estado levou o general Barre ao poder em 1969. O novo líder se proclamou marxista-leninista, aliou-se ao bloco soviético e procedeu a políticas socialistas nessa nação pastoril e desértica. Mas, a revolução etíope estimulou uma visão nacionalista pan-somali, com reivindicação sobre a região de Ogaden, habitada por somalis. O ataque, malsucedido, provocou a ruptura com os soviéticos e abalou profundamente a economia, motivando a formação de uma oposição armada ao regime, tanto no norte quanto no sul. Essa oposição, apesar de ser heterogênea e fragmentada, conseguiu derrubar Barre em 1991.

Desde a saída de Barre a Somália foi tomada por quatorze "Senhores da Guerra", que permanecem em confronto civil com regiões como a Somalilândia (antiga Somália britânica), proclamando independência em 1991 (não reconhecida por qualquer nação). Preocupada com a situação caótica na Somália, a ONU aprovou a primeira intervenção em 1992, mas fracassou e se retirou definitivamente da Somália em 1995. A posterior intervenção da Etiópia, estimulada pelos Estados Unidos, tampouco logrou fortalecer o governo virtual do país, a pirataria e a implantação de grupos terroristas ou fundamentalistas (como a União das Cortes Islâmicas) no território deram nova dimensão ao conflito civil.

Com relação à Eritreia, o novo regime etíope aceitou a separação, que aconteceu amigavelmente. Essa iniciativa estava já contemplada pelos dois movimentos "irmãos", quando se associaram para derrubar Mengistu. Em 1993, o referendo garantiu a independência com a esmagadora maioria dos votos; em maio do mesmo ano, Isaias Afwerki, secretário geral da EPLF, foi eleito presidente do governo de transição e, no dia 24 de maio, proclamou a independência da Eritreia. Após a independência, a região possuía uma economia relativamente próspera; porém, seu maior problema eram as relações instáveis com os países vizinhos – exceto a Etiópia. Com relação ao Sudão, por exemplo, acusações mútuas de tentativas de desestabilização era risco de conflito. Em relação ao Iêmen, ocorreu um conflito pela reivindicação das Ilhas Hanish, em 1995, reconhecidas como iemenitas.

Com o passar do tempo, as relações entre a Eritreia e a Etiópia foram se deteriorando em decorrência de questões de fronteiras e acesso etíope aos portos eritreus no Mar Vermelho. Em 1998, houve uma disputa de fronteira, estopim para a guerra; em dezembro de 2000, um acordo de paz foi negociado, e as Nações Unidas estabeleceram uma Missão na Etiópia e na Eritreia. Em 2002, a Comissão de Fronteiras da Etiópia e da Eritreia anunciou a decisão sobre a demarcação, na qual a cidade de Badme ficaria em território eritreu. Os conflitos estagnaram o progresso político e econômico da região, e o descontentamento com o governo aumentou no fim do século, com as reivindicações pela promulgação da Constituição, ratificada em 1997. A oposição foi impedida de formar novos partidos políticos em 2001, continuando o presidente Afwerki firmemente no poder.

Balanço das revoluções africanas

As revoluções africanas analisadas nesta obra, segundo a perspectiva adotada, podem ser consideradas, realmente, *revoluções sociais*. Sobre a questão de terem um caráter marxista e instaurado regimes socialistas, já há mais controvérsia. Os três casos estudados têm um padrão comum de derrubada de impérios reacionários (um multinacional, outro colonial), que ensaiaram uma modernização tardia, o que precipitou seu colapso. Duas revoluções resultaram de longas lutas de guerrilha, enquanto a terceira decorreu de um golpe militar, num contexto de crescente mobilização e protestos sociais; não se trata, porém, apenas de golpe de Estado militar, tomada do poder por guerrilheiros armados e uma mescla de voluntarismo político e discurso legitimador, embora esses elementos tenham estado presentes.

Os processos revolucionários foram conduzidos à radicalização, num contexto de ampla mobilização e violência extrema pela contrarrevolução interna e externa, o que abalou os fundamentos da ordem anterior – as antigas elites dirigentes e os sistemas de poder em que se apoiavam foram eliminados de forma irreversível. As três revoluções também ocorreram simultaneamente, na mesma conjuntura: a década de 1970. Nessa época havia um equilíbrio de forças no plano mundial, e a crise econômica afetava as potências capitalistas e uma "onda revolucionária" abalou a periferia do sistema internacional – o Terceiro Mundo.

A situação objetiva e os desafios das revoluções africanas tornavam o marxismo-leninismo, e o próprio socialismo, atrativos aos grupos que conquistaram o poder. No caso de Angola e de Moçambique, aliás, a orientação marxista servira de base para a estratégia de luta na conquista do poder. Ela também representava uma ferramenta importante para a edificação de um Estado forte e centralizado, para a construção e unidade da nação e para o desenvolvimento socioeconômico. Além disso, naquela conjuntura específica, filiar-se à "família socialista" permitia forjar alianças internacionais necessárias à sobrevivência das revoluções africanas.

A razão para tal opção não significava apenas oportunismo e necessidade tática, apesar dos movimentos de libertação nacional terem recebido influência, treinamento e apoio, quando não foram criados, por países socialistas – particularmente Cuba e URSS. O caso etíope já é mais complexo, envolvendo interesses geopolíticos pelo lado soviético e uma peculiar evolução política por parte do DERG. Assim, como há inúmeros casos de sólidos revolucionários que "se perderam" ao exercer o poder, também existem casos de revolucionários de ocasião que "se encontraram" no calor da luta.

Também é importante ressaltar que eclodiram processos semelhantes em países mais frágeis ainda, como Benin, Congo Brazzaville, Cabo Verde, Guiné-Bissau, São Tomé e Príncipe, Madagascar e Seychelles. Geralmente rotulados como "regimes populistas" (por que não, *populares*?), eles representaram a superação do tradicional "socialismo africano" não marxista (Gana, Guiné, Tanzânia), que não possuíam uma visão estratégia. As "pequenas revoluções" tinham projeto e tentaram transformar suas sociedades em direção ao socialismo, mas não possuíam os meios necessários e esbarraram em dificuldades ainda maiores que as três "grandes revoluções".

A implantação de uma economia e de uma sociedade socialista, todavia, mostrou-se tarefa além da capacidade dessas revoluções; Angola e Moçambique possuíam economias completamente dependentes do mercado internacional, enquanto a Etiópia estava muito mal conectada a ele. O colapso da produção – desencadeado pelo súbito desaparecimento dos gestores econômicos do antigo regime, aliados ao boicote econômico internacional, à Guerra Civil e às agressões militares externas – produziu um nefasto processo de militarização, consumiu os escassos recursos econômicos e humanos, destruiu a infraestrutura e desarticulou a sociedade, além de gerar distorções no sistema político. A esses problemas agregou-se, no início da década de 1980, a forte reversão da conjuntura internacional, marcada pela ofensiva da Nova Guerra Fria de Reagan, com seus "paladinos da liberdade" e com os Conflitos de Baixa Intensidade.

Mais do que representar apenas uma contrarrevolução em escala internacional (o que já seria muito), tratou-se de uma escalada que pode ser considerada quase uma Terceira Guerra Mundial. Havia enfrentamentos estratégicos intensos e diretamente apoiados pelas superpotências na América Central e Caribe, África Meridional, Chifre Africano, Afeganistão (com o "Arco das Crises", de Brzezinski) e Indochina. O surgimento de regimes aliados da URSS nessas regiões alterou o equilíbrio de poder mundial que até então vigorara, porque as novas revoluções, além de numerosas, tinham um efeito sistêmico em seu entorno, e, subitamente, a África tornou-se um espaço estratégico, e para lá convergiram grandes recursos militares.

Apesar de muitos objetivos não terem sido alcançados, as revoluções de Angola, Moçambique e Etiópia realizaram profundas reformas agrárias e desenvolveram políticas de inclusão nas áreas da educação, saúde e emancipação das mulheres e jovens. Seu engajamento internacional contribuiu decisivamente para a derrota dos regimes racistas da Rodésia (Zimbábue), África do Sul e Namíbia, completando o processo de descolonização e o estabelecimento de regimes em que o poder estava nas mãos dos africanos. Também tiveram sucesso na construção de uma nova estrutura estatal e no lançamento das bases da nação, fundamentada numa visão política igualitária, com o fim da superioridade do homem branco. Em Angola e Moçambique, partidos construíram Estados e, na Etiópia, um segmento do Estado criou um partido, articulando a sociedade, expandindo e modernizando o Estado.

No entanto, a guerra civil e internacional consumiu os escassos recursos e os melhores quadros, em meio a sanções promovidas pelas grandes potências como forma de quebrar o poder e a vontade dos novos grupos dirigentes. Além disso, sofreram o efeito de duas poderosas crises simultâneas: a econômica, do capitalismo mundial, e a do bloco soviético, primeiro com a "estagnação" e depois com a *Perestroika*. A primeira gerou a crise da dívida externa e a deterioração dos preços das matérias-primas e, ao mesmo tempo, o somatório de conflitos e os regimes apoiados pela URSS implicaram em gastos colossais para Moscou no contexto da Nova Guerra Fria, resultando no corte gradativo da ajuda econômica e militar soviética. Com o agravamento da situação, os regimes revolucionários tiveram de buscar mercados, ajuda e empréstimos no Ocidente, tendo que adotar os planos de ajuste do FMI (a "década perdida") e, paulatinamente, que abandonar seu modelo econômico.

Quando a diplomacia de Gorbachov estabeleceu a cooperação com os Estados Unidos (em fins de 1987), encerrou-se a Guerra Fria e, em troca do fim da corrida armamentista pelos Estados Unidos, a URSS comprometia-se a cortar o apoio aos seus aliados do Terceiro Mundo. É bem verdade que Cuba manteve seu apoio militar em Angola até que fossem estabelecidas condições mais favoráveis para a negociação; mas, era o *Termidor* das revoluções menos consolidadas e dependentes da ajuda socialista, independente se havia a queda da elite dirigente (Etiópia) ou se ela simplesmente se ajustava às novas circunstâncias (Angola e Moçambique).

Teriam sido as revoluções apenas experimentos fracassados? Seria injusto ou tendencioso responder afirmativamente. Os regimes implantados duraram apenas quinze anos, sob condições que rapidamente se tornaram totalmente desfavoráveis. Os etíopes desejavam apenas o fim da guerra, e os novos donos do poder realizaram poucas alterações políticas, sociais e econômicas na estrutura do país, pois o antigo sistema não foi reimplantado. Obviamente, nos três casos, houve uma abrupta mudança de discurso, cinismo, negações e a transformação de velhos inimigos em novos amigos. O novo Estado estabelecido pela revolução, porém, sobreviveu, pois a própria revolução e as guerras civis abalaram irremediavelmente as estruturas tradicionais. Se interesses portugueses retornaram, tiveram que negociar com os governos locais, e descobriram que por detrás do discurso pró-mercado, o "velho e bom Estado" continuava ditando as regras. Como dizem os empresários, "para fazer negócios lá é preciso primeiro passar pela política".

Houve considerável urbanização, extensão de serviços (especialmente com o fim da guerra) e uma inserção internacional na globalização; ou seja, os africanos estão longe de ser passivos e sem capacidade de negociar. É verdade que eles decidiram ou necessitaram passar pelo capitalismo (que permite consumo e gera desigualdades); mas aí se revela a permanência de uma formação igualitária, e se identifica a política não mais em termos de "raça", como no colonialismo, mas de "classe", como nos Estados pós-coloniais e pós-revolucionários. Centenas de milhares de africanos estiveram exilados, estudaram, foram treinados ou trabalharam no bloco soviético, em Cuba, na China, no Vietnã, no Brasil, na Europa Ocidental, e até nos Estados Unidos. Tiveram contatos com redes internacionais e um aprendizado imprescindível para gerir os novos Estados e sociedades. Hoje, especialmente devido à presença chinesa, indiana e brasileira na região, os africanos têm obtido uma posição assertiva no cenário internacional, e avançado no caminho do desenvolvimento socioeconômico.

A violência sempre esteve presente na construção dos Estados nacionais e das revoluções, e as graves dificuldades enfrentadas pelos africanos não foram excepcionais; tampouco foram "culpa" de processos revolucionários desastrosos, como defende certa historiografia. Tratou-se de um momento supremo da emergência dos africanos no campo da grande política, inclusive pesando na balança de poder mundial. Ao se referir à Revolução Francesa, uma autora mencionou que a Restauração de 1815 não representou o fim das conquistas, mas um passo atrás, depois de dois passos à frente. Como lembra Alcira Argumedo, a grande revolução neoliberal dos dias atuais assemelha-se ao período da Restauração conservadora de 1815 a 1848. Naquela época, parecia que o *Ancien Régime* havia triunfado sobre a Revolução Francesa, mas a Restauração apenas estava tornando mais agudas as contradições existentes (Argumedo, 1993).

Referências bibliográficas

ABRAHAMSSON, Hans; NILSSON, Anders. *Moçambique em transição*: um estudo de história de desenvolvimento durante o período 1974-1992. Maputo: CEGRAF, 1994.

ANDRADE. Mário de; OLLIVIER, Marc. *A Guerra em Angola*. Lisboa: Seara Nova, 1974.

ARGUMEDO, Alcira. *Los silencios y las voces en América Latina*: notas sobre el pensamiento nacional y popular. Buenos Aires: Ediciones del Pensamiento Nacional, 1993.

BOAVIDA, Américo. *Angola*: cinco séculos de exploração portuguesa. Rio de Janeiro: Civilização Brasileira, 1967.

CABAÇO, José Luis de Oliveira. *Moçambique*: identidades, colonialismo e libertação. Tese de Doutorado em Antropologia. São Paulo, Universidade de São Paulo (USP), 2007.

CABRAL, Amílcar. *A arma da teoria*. Rio de Janeiro: Codecri, 1980.

CAMPBELL, Horace. *Notes of the Impact of Disintegration of the USSR in the Third World*. Utafiti, n.1, v.1, 1994.

CASSIS, Célia; PERRET, Nanci. *Djarama, salve irmão*: fatos africanos que a história julgará. Porto Alegre: Bels, 1976.

CHABAL, Patrick et al. *A History of Postcolonial Lusophone Africa*. London: Hurst & Company, 2002.

CHALIAND, Gerard. *A luta pela África*: estratégia das potências. São Paulo: Brasiliense, 1982.

CHAN, Stephen; WILLIAMS, Andrew J. *Renegade States*: The Evolution of Revolutionary Foreign Policy. Manchester: Manchester University Press, 1995.

CHAZAN, Naomi; MORTIMER, Robert; RAVENHILL, John; ROTCHILD, Donald. *Politics and Society in Contemporary Africa*. Boulder: Lynne Rienner Publishers, 1992.

CLAPHAM, Christopher. The Socialist Experience in Ethiopia and its Demise. *The Journal of Communist Studies*, n.2, v.8, 1992.

_____. *War and State Formation in Ethiopia and Eritrea*. Paper apresentado na Conferência CERI "La Guerre entre le local et le global: sociétés, états et systemes". Paris: 2000.

COKER, Christopher. *NATO, the Warsaw Pact and Africa*. New York: St. Martin's Press, 1985.

COMITINI, Carlos. *África arde*: lutas dos povos africanos pela liberdade. Rio de Janeiro: CODECRI, 1980.

CORREIA, Pezarat. *Descolonização de Angola*: a joia da Coroa do Império Português. Luanda: Ler & Escrever, 1991.

DAVIDSON, Basil. *A política da luta armada*: libertação nacional nas colónias africanas de Portugal. Lisboa: Caminho, 1979.

DAVIES, J. E. *Construtive Engagement?* Chester Crocker & American Policy in South Africa, Namíbia and Angola. Oxford: James Curry, 2007.

DÁVILA, Jerry. *Hotel Trópico*: Brazil and the Challenge of African Decolonization, 1950-1980. Durham and London: Duke University Press, 2010.

DECRAENE, Philippe. *O Pan-Africanismo*. São Paulo: Difusão Europeia do Livro, 1962.

DEUTSCHMANN, David. *Lutar por Moçambique*. Maputo: [s.n.], 1995.

_____. (Ed.). *Angola and Namibia*: Changing the History of Africa. Melbourne: Ocean Press, 1989.

DUAS VIAS DE DESENVOLVIMENTO SOCIOECONÔMICO DE ÁFRICA. Moscovo: Academia de Ciências da URSS, 1985.

EGERÖ, Bertil. *Mozambique, a dream undone*, 1975-1984. Stockholm: Scandinavian Institute of African Studies, 1987.

FERREIRA, Eduardo (Org). *A África do Sul e as ex-colónias portuguesas*. Lisboa: Iniciativas Editoriais, 1977.

_____. *África Austral em perspectiva*: descolonização e neocolonialismo. Lisboa: Iniciativas Editoriais, 1976.

FITUNI, L. L. *Angola*: natureza, população, economia. Moscovo: Progresso, 1985.

GANDOLFI, Alain. *Les mouvements de liberátion nationale*. Paris: Presses Universitaires de France, 1989.

GENRO, Tarso. *Moçambique*: a caminho do socialismo. Porto Alegre: Movimento, 1982.

GEORGE, Edgard. *The Cuban Intervention in Angola, 1965-1991*: From Che Guevara to Cuito Cuinavale. New York: Frank Cass, 2005.

GLEIJESES, Piero. *Conflicting Missions*: Havana, Washington, Pretoria. Alberton: Galago Books, 1999.

GONZÁLEZ, Carmen (Ed.). *Cambio e contrarrevolucion en África Meridional*. La Habana: Ed. de Ciencias Sociales, 1987.

GÓMEZ, Miguel Buendía. *Educação Moçambicana*: 1962-82. Maputo: Univ. Eduardo Mondlane, 1999.

GROMIKO, Anatoli (Ed). *A Casa Branca e o Continente Negro*. Moscovo: Progresso, 1986.

HALLIDAY, Fred. *Repensando as Relações Internacionais*. Porto Alegre: Editora da Universidade, 1999a.

_____. *Revolution and World Politics*: the Rise and Fall of the Sixth Great Power. Durham: Duke University Press, 1999b.

_____; MOLINEUX, Maxine. *The Ethiopian Revolution*. London: Verso Editions and NLB, 1981.

IGNATIEV, Oleg. *Amílcar Cabral*. Moscovo: Progresso, 1984.

_____. *Uma arma secreta em África*. Moscovo: Progresso, 1981.

INFORMAÇÃO DO BUREAU POLÍTICO DO MPLA. *Angola*: a tentativa de Golpe de Estado de 27 de maio de 77. Lisboa: Avante, 1977.

IVANOV, A. *Opção socialista em África*: polémica ideológica. Moscovo: Progresso, 1987.

KI-ZERBO, Joseph. *História da África Negra*. v.I-II. Paris: Hatier, 1972.

KOSUKHIN, Nikolai. *Revolutionary Democracy in Africa*. Moscow: Progress Publishers, 1985.

KRUYS, George. Lessons from African Wars: Implications for the SANDF. *Strategic Review for Southern Africa*, mai. 2004.

KULIK, S. *Na Linha de Frente*. Moscovo: Progresso, 1986.

LA GUERRA DE ANGOLA. La Habana: Editora Política, 1989.

LA PAZ DE CUITO CUANAVALE: Documentos de un proceso. La Habana: Editora Politica, 1989.

LEGUM, Colin; LEE, Bill. *The Horn of Africa in Continuing Crisis*. London: Africana Publishing Company, 1979.

LEOGRANDE, William M. *Cuba's Policy in Africa, 1950-1980*. Berkeley: Institute of International Studies University of California, 1980.

MACHEL, Samora. *Estabelecer o poder popular para servir às massas*. Rio de Janeiro: CODECRI, 1979.

_____. *FRELIMO*: documentos fundamentales del Frente de Liberación de Mozambique. Barcelona: Anagrama, 1973.

MARCUS, Harold. *A History of Ethiopia*. Berkeley: University of California Press, 2002.

MÁRIO, Tomás Vieira. *Negociações de Paz de Moçambique*: crónica dos dias de Roma. Maputo: CEE/ISRI, 2004.

MARKAKIS, John. Radical Military Regimes in the Horn of Africa. In.: MARKAKIS, John; WALLER, Michael (Eds.). *Military Marxist Regimes in Africa*. London: Frank Cass, 1986.

MELO, João de (Org). *Os anos da Guerra*. Os portugueses em África (1961-1975). Lisboa: Dom Quixote, 1998.

MONDLANE, Eduardo. *Lutar por Moçambique*. Maputo: [s.n.], 1995.

MOREIRA, Neiva; BISSIO, Beatriz. *Os cubanos na África*. Rio de Janeiro: Global, 1979.

NETO, Agostinho. *Relatório do Comité Central ao I Congresso do MPLA*. Lisboa: Avante, 1978.

NEWITT, Malyn. Mozambique. In CHABAL, Patrick et al. *A History of Postcolonial Lusophone Africa*. London: Hurst & Company, 2002.

NEWITT, Malyn. *Portugal in Africa*. London: Hurst & Company, 1981.

OTTAWAY, Marina. *Soviet and American Influence in the Horn of Africa*. New York: Praeger Publishers, 1982.

PACHINUAPA, Raimundo Domingos. *Do Rovuma ao Maputo*: a marcha triunfal de Samora Machel, primeiro presidente de Moçambique. Maputo: Edição do Autor, 2005.

PAÍSES DA LINHA DE FRENTE. Lisboa: Comissão Nacional Portuguesa da Conferência Internacional de Solidariedade com os Estados da Linha de Frente, 1983.

POOL, David. The Eritrean People's Liberation Front. In: CLAPHAM, Christopher (Ed.). *African Guerrillas*. Oxford (UK): James Currey, 1998.

SANTOS, Fernando. *Angola na hora dramática da descolonização*. Lisboa: Prelo, 1975.

SCHAFFER, Jessica. *Guerrilas and Violence in the War of Mozambique*: De-Socialization or Re-Socialization. *African Affairs*, n. 100, 2001.

SCHUTZ, Barry; SLATER, Robert (Ed.). *Revolution and Political Change in the Third World*. Boulder: Lynne Rienner/London: Adamantine, 1990.

SCHWAB, Peter. *Ethiopia*: Politics, Economics and Society. London: Francis Pinter Publishers, 1985.

SHUBIN, Vladimir. *The hot "cold war"*. The USSR in Southern Africa. London: Pluto Press; Scottsville: University os KwaZulu-Natal Press, 2008.

SKOCPOL, Theda. *States and Social Revolutions*. Cambridge: Cambridge University Press, 1979.

SLOVO, Joe. África do Sul: um só caminho. Lisboa: Caminho Editorial, 1979.

SOMERVILLE, Keith. *Angola*: Politics, Economics and Society. London: Frances Pinter, 1986.

SOPA, António (Ed). *Samora, homem do povo*. Maputo: Manguezo, 2001.

_____. *Southern Africa and the Soviet Union*. London: Macmillan, 1993.

TAREKE, Gebru. *The Ethiopian revolution*. War in the Horn of Africa. London: Yale University Press, 2009.

_____. From Af Abet to Shire: the defeat and demise of Ethiopia's 'Red' Army 1988-89. *The Journal of Communist Studies*, n.2, v.8. London: Frank Cass, 1992.

TAYLOR, Ian. *China and Africa*. Engagement and Compromise. New York: Routledge, 2006.

TERRORISMO EM ÁFRICA: quem fomenta? Moscovo: Progresso, 1984.

TORP, Jens. *Mozambique: politics, economics and society*. London: Frances Pinter, 1989. (Marxist Regimes Series)

TURNER, John W. *Continent Ablaze*. The Insurgency Wars in Africa, 1960 to the Present. Johannesburg: Jonathan Ball Publishers, 1998.

URNOV, Andrei. África do Sul contra África (1966-1986). Moscovo: Progresso, 1988.

URSS E ÁFRICA. Moscovo: Academia de Ciências da URSS, 1982.

VARELA Barraza, Hilda. *África*: crisis del poder político. Dictaduras y procesos populares. México: Nueva Imagem, 1981.

VINES, Alex; CAMPOS, Indira. *Angola and China*: a Pragmatic Partnership. Washington: Center for Strategic & International Studies, 2007.

VISENTINI, Paulo Fagundes. *A África na política internacional*: o sistema interafricano e sua inserção mundial. Curitiba: Juruá, 2010.

_____; Ribeiro, Luiz Dario Teixeira; PEREIRA, Analúcia Danilevicz. *Breve História da África*. Porto Alegre: Leitura XXI, 2007.

WESTAD, Odd Arne. *The Global Cold War*. New York: Cambridge University Press, 2009.

Coleção Revoluções do Século 20
Direção de Emília Viotti da Costa

A Revolução Alemã [1918-1923] – Isabel Loureiro
A Revolução Argelina – Mustafá Yazbek
A Revolução Boliviana – Everaldo de Oliveira Andrade
A Revolução Chilena – Peter Winn
A Revolução Chinesa – Wladimir Pomar
A Revolução Colombiana – Forrest Hylton
A Revolução Cubana – Luis Fernando Ayerbe
A Revolução Guatemalteca – Greg Grandin
A Revolução Iraniana – Osvaldo Coggiola
A Revolução Mexicana – Carlos Alberto Sampaio Barbosa
A Revolução Nicaraguense – Matilde Zimmermann
A Revolução Peruana – José Luis Rénique
A Revolução Portuguesa – Claudio de Farias Augusto
A Revolução Salvadorenha – Tommie Sue-Montgomery e Christine Wade
A Revolução Venezuelana – Gilberto Maringoni
A Revolução Vietnamita – Paulo Fagundes Visentini
As Revoluções Russas e o Socialismo Soviético – Daniel Aarão Reis Filho

SOBRE O LIVRO

Formato: 10,5 x 19 cm
Mancha: 18,8 x 42,5 paicas
Tipologia: Minion 10,5/12,9
Papel: Off-white 80 g/m^2 (miolo)
Cartão Supremo 250 g/m^2 (capa)
1ª edição: 2012
6ª reimpressão: 2023

EQUIPE DE REALIZAÇÃO

Assistência Editorial
Olivia Frade Zambone

Edição de Texto
Cícero Oliveira (Copidesque)
Elisa Buzzo (Preparação)
Lilian Ribeiro de Oliveira (Revisão)

Editoração Eletrônica
Eduardo Seiji Seki (Diagramação)

Projeto Visual (capa e miolo)
Ettore Bottini

Capa
Megaart

Foto da Capa
Crianças soldados do Movimento Popular de Libertação
de Angola (MPLA) em Luanda, 1975.
© JP Laffont/Sygma/Corbis/Corbis (DC)/Latinstock

Rua Xavier Curado, 388 • Ipiranga - SP • 04210 100
Tel.: (11) 2063 7000 • Fax: (11) 2061 8709
rettec@rettec.com.br • www.rettec.com.br